ACERCA DE LA AUTORA

Foto de la autora: © Ernesto St

Carolina Novoa Arias. Comunicadora social y periodista de la Universidad Javeriana con máster en Relaciones Internacionales de Columbia University en New York y Sciences Po en París. Desde los 17 años trabajó como presentadora de noticias y reportera en Colombia en los canales RCN Televisión y NTN24, luego lo hizo en Estados Unidos en la cadena Telemundo y como corresponsal de Caracol Radio en Miami. Se convirtió en la única reportera judicial de habla hispana en el sur de la Florida, lo que la llevó a ser nominada varias veces y luego ganar un Emmy Award.

Además de su carrera en televisión, se ha especializado como Health Coach de Medicina Funcional, y cuenta con certificaciones en Nutrición Holística y Terapia de Respuesta Espiritual. También es terapeuta en biosanación emocional y *thetahealing*, así como acompañante en procesos de duelo y pérdida. Con estas herramientas promueve hábitos de vida saludable en la comunidad hispana de Estados Unidos y en Latinoamérica.

Es autora del *bestseller El cuerpo grita lo que las emociones callan* y del libro *Que tu vida no sea un dolor de cabeza*. Actualmente dirige el programa "Salud y algo más" de W Radio Colombia.

AMOR DETOX

Carolina Novoa Arias

AMOR DETOX

Una relación que te sane y no te enferme

DIANA

Obra editada en colaboración con Editorial Planeta – Colombia

Diseño de interior: Departamento de Diseño Planeta

Créditos de portada: Planeta Arte y Diseño – Andrés Hernández
Adaptación de portada: © Genoveva Saavedra / aciditadiseño
Fotografía de la autora: © Ernesto Studio Photography

Bajo el sello editorial DIANA M.R.
Avenida Presidente Masarik núm. 111,
Piso 2, Polanco V Sección, Miguel Hidalgo
C.P. 11560, Ciudad de México
www.planetadelibros.us

Primera edición impresa en esta presentación: diciembre de 2024
ISBN: 978-607-39-2360-6

Impreso en los talleres de Bertelsmann Printing Group USA
25 Jack Enders Boulevard, Berryville, Virginia 22611, USA.
Impreso en U.S.A – *Printed in U.S.A*

Este libro está dedicado a mi familia: el núcleo de amor que me ha sostenido toda la vida.

En especial te dedico este libro a ti, Eric, que viniste a confirmarme que el amor todo lo sana y que a lo que le ponemos amor se convierte en MAGIA.

ÍNDICE

Introducción

Cuando piensas en el amor, quizá la primera imagen que se te viene a la cabeza es la cara de tu pareja o los corazones rojos que adornan los lugares públicos durante San Valentín o Amor y Amistad, y que aparecen en las comedias románticas. También puede que recuerdes un olor o el peso de la mano de alguien sobre la tuya. Ninguna de estas imágenes mentales es equivocada, pues cada quien tiene un concepto distinto del amor, pero lo que es importante tener en cuenta es que esa idea que tienes viene muy marcada por la forma en la que creciste y el sistema de creencias en el que fuiste educado. Lo cierto es que sea cual sea el concepto que tengas del amor, lo más probable es que vengas de él. En muchos casos, porque fuiste gestado durante un acto de amor entre tus padres. También, porque quizás la mujer que te llevó en su vientre lo hizo desde el amor. O tal vez el amor lo experimentaste en brazos de tus abuelos o de tu familia adoptiva. De cualquier manera, creo que todos venimos del amor.

La palabra amor también es omnipresente y seguro te criaste oyendo frases como "Dios es amor", "da amor sin medida", "el amor no es pasión", "de amor nadie vive". También hay mucho cinismo cuando tratamos el tema y más de una persona se burla cuando uno habla sobre el amor, porque aseguran que no existe una teoría sobre algo que no se puede cuantificar. Es imposible medir el amor con los sistemas que ha inventado la humanidad para este fin, como la regla, el barómetro, la balanza o el termómetro, pero estoy convencida de que el amor es una fuerza que mueve el mundo y que nos hace subir montañas, que nos da la fe y nos devuelve la esperanza cuando el panorama se hace difícil y no es posible ver solución a los problemas.

Te voy a dar unos ejemplos sencillos para que veas a qué me refiero. ¿Te ha pasado que enfrentas una situación difícil en el trabajo y entonces piensas en tu pareja e inmediatamente te sientes mejor? O, cuándo comienzas a salir con alguien, ¿no sientes ni hambre, ni sueño, ni dolor, y la vida entera te parece maravillosa? Esos son solo algunos efectos que tiene el amor en ti.

Si tu infancia fue buena y feliz, seguramente te sea fácil recordar cómo gozabas con cosas sencillas como una tarde de juegos con amigos o con un abrazo fuerte de tu mamá o tu papá. Cuando niño no conocías los lujos materiales, no te importaba el dinero, lo que necesitabas lo recibías de quienes estaban encargados de cuidarte. Solo te importaba pasar rico y ser feliz.

Quizás en ese entonces entendías mejor que el amor es tu esencia y lo demás venía por añadidura. El dinero, el trabajo, los carros y los lujos no representaban nada para ti, pues esos eran temas de adultos. Pero entonces, ¿qué pasó? Pues que con los años dejaste de darle prioridad a lo verdaderamente importante y pasaste a preocuparte por lo material. Te entregaste al dios dinero, y a lo que necesitas para vivir, y tu vida se complicó. No te asustes, no te estoy pidiendo que te despojes de lo material y tampoco estoy sugiriendo que por tener dinero y una vida cómoda no tengas derecho a enamorarte. Para nada. ¡Imagínate que yo empezara este libro diciéndote algo así! Estarías en toda libertad de cerrar estas páginas y desearme suerte. Lo que sí quiero es que analices cómo al crecer se te comenzó a complicar la vida y te olvidaste de tu esencia, que es EL AMOR, así no lo puedas medir ni ver, sino solo sentir.

No sé si practiques una religión, pero creo que si estás acá es porque crees en una fuerza superior y universal, que nos demuestra una y otra vez que hay situaciones que la ciencia no tiene cómo explicar y que solo podemos definir como milagros. Para los cristianos, por ejemplo, esa fuerza universal del amor se llama Dios y nosotros creemos ser una extensión de Él. Y esa es la fuerza del amor que nos lleva a ser compasivos y que nos permite ayudarnos como comunidad.

En *El banquete* de Platón, se nos cuenta que el filósofo Sócrates creía que lo que detonaba el amor era la belleza y que el amor, el dios Eros para los griegos, era un puente entre lo humano y lo divino. Aquel gran filósofo de la antigüedad también aseguraba que el verdadero amor solo se podía dar entre iguales. Por su parte, el famoso término "amor platónico" se refiere a un amor no correspondido que lleva a la idealización del otro, al que no se puede alcanzar. Como esta, existen diferentes miradas, como la del psicoanalista Sigmund Freud, quien creía que el enamoramiento genera una fascinación tal por la otra persona, que puede llevar a que uno se borre como sujeto por complacer a su pareja, al punto de sacrificar incluso su propio deseo. Es decir, de acá ya podemos ver que el amor es un poder que nos somete, que nos hace actuar distinto, que nos genera un encantamiento particular hacia otra persona, que muchas veces no nos permite ver la realidad de lo que ocurre. De ahí que digan que el amor es ciego. Pero tampoco podemos negar la magia que produce el amor en nosotros.

En este libro quiero exponerte —a través de diferentes aprendizajes— teorías de expertos y casos de la vida real, historias de personas a quienes he acompañado en su proceso de sanación emocional y física a lo largo de los últimos años, en los que el amor ha logrado resultados impensables. Es decir, casos de personas en quienes el amor ha obrado aquello que llamamos milagros.

Pero no todo es corazones de cartón y papel rosa. También te quiero contar historias en las que, por el contrario, por falta de amor o el mal entendimiento de este término, las personas han terminado enfermas. También te contaré acerca de mi propia historia, que es la de una mujer como cualquier otra que sufrió grandes pérdidas, que se enfermó cuando su cuerpo le pedía auxilio a partir de sus emociones y quien hoy ha sanado a través del amor. Y, sobre todo, una mujer que cree que el amor verdadero todo lo sana y todo lo puede.

NOTA

La información presentada en este libro es de carácter divulgativo y no debe ser tomada como un diagnóstico médico ni psicológico. Ni la autora del libro ni la editorial se hacen responsables de los potenciales perjuicios ocasionados por la omisión a esta advertencia.

El amor propio

Es imposible amar a otros si no nos amamos a nosotros mismos. Entonces, es imposible hablar de amor si no comenzamos por el origen: el amor propio.

Cuando uno habla de amor propio, mucha gente hace alusión a aquellas personas que se echan flores, o que son vanidosas o que simplemente tienden a exaltar sus cualidades todo el tiempo. Pero no nos equivoquemos, el amor propio y el narcisismo son dos cosas distintas. El amor propio, que no tiene nada que ver con el delirio de superioridad, sí es el cimiento de cualquier tipo de vínculo, empezando por el que uno tiene con uno mismo.

Por ejemplo, cuando una relación no funciona con la jefa, con el novio, con la esposa, a simple vista podríamos decir: "Qué pesar, Juan no es bueno para el amor". O, "tan de malas que soy, no me va bien en el amor". Pero la realidad es que una relación con el otro nunca será viable ni sana si yo no me amo primero a mí mismo; si no tengo amor por lo que soy, por lo que hago y por lo que represento. Porque si no lo hago, me será imposible establecer límites a los demás y esto influirá de manera negativa en la forma como los otros me traten a mí.

Desde la ciencia, el amor propio se conceptualiza como autoestima y hace referencia al afecto que tiene una persona hacia sí misma. Me refiero a la autoevaluación que un individuo hace de sí mismo. Entonces, cuando una persona tiende a valorarse de forma negativa, esto se verá reflejado en sus relaciones y en su vida en general. Si no nos amamos, es imposible valorarnos, reconocer lo que merecemos y comprender que somos dignos de ser amados. La pregunta que seguramente te estás haciendo en este momento es cómo se construye el amor propio, porque es muy fácil decirlo, pero ¿cómo se pone en práctica? Pues déjame contarte que todo comienza desde el hogar, la familia y la educación. Estos son los cimientos para que un niño crezca con la tranquilidad de entender que primero debe amarse a sí mismo, respetarse a sí mismo, para luego poder exigir respeto, amor y cordialidad de parte de los demás.

Hace un tiempo tuve la oportunidad de preguntarle a María José Barrios, una excelente psicóloga con máster en atención temprana y psicología infantil, a quien he entrevistado en mi programa "Salud y algo más" que se transmite por W Radio Colombia, sobre el amor propio de los niños y la relación con sus padres, y me comentaba que el cimiento definitivo del amor propio es la relación que tenga o haya tenido el niño con sus padres y los adultos que componen su hogar y su círculo más cercano, pues ellos son los responsables de afianzar la confianza en ellos mismos desde pequeños. Según María José, la relación que tenemos con nosotros mismos está muy dada por el vínculo que tenemos con papá y mamá. Le pregunté cuál era entonces la diferencia entre el amor propio y la autoestima, y me explicó que el amor propio es cuando te quieres, valoras lo que eres y te amas tal cual eres, mientras que la autoestima está relacionada con los juicios de valor que haces sobre ti mismo. Para

María José la autoestima también está muy relacionada con el contraste que se construye a partir de las percepciones externas en la medida en que te comparas con otros. Es decir, si yo me siento menos que los demás, será imposible que me vean de otra manera; si yo me siento feo y poco valioso, esto se reflejará en cómo los demás me perciban. Entonces, podríamos decir que quien carece de autoestima tiene poco amor propio y viceversa.

Para ahondar en el ejercicio de entrevista me reuní con dos excelentes psiquiatras, a quienes admiro mucho, y les pedí más claridad sobre este tema.

¿Dónde se origina el amor propio?

Para la psiquiatra Laura Villamil,[1] el amor propio se origina en nuestra infancia y se forma a través de experiencias tempranas con nuestras figuras de apego, como nuestros padres o cuidadores principales. Es importante tener en cuenta que los primeros años de vida son cruciales para el desarrollo emocional y psicológico de una persona. Durante este período, las interacciones con los cuidadores principales pueden influir en la manera en que cada quien se percibe y valora a sí mismo. Los bebés y niños pequeños necesitan amor, atención y afecto para desarrollar una imagen positiva de sí mismos, y eso debe provenir de demostraciones físicas de cariño, como abrazos y caricias, palabras afectuosas y un trato amoroso, respetuoso y sin violencia física, verbal o emocional.

[1] Laura Villamil es médica especialista en psiquiatría y salud mental, magister en Nutrición Clínica de la Universidad de Valencia y experta en adicciones del hospital de Vall d'Hebrón, Barcelona.

Cuando recibimos amor incondicional, aceptación y valoración por parte de estas personas significativas, es más probable que desarrollemos un valor personal positivo.

Sin embargo, si un niño experimenta negligencia, violencia o falta de cuidado durante sus primeros años, esto puede afectar negativamente su autoestima y su amor propio. Esto también puede incluir situaciones adversas durante el embarazo, ya que existe un vínculo prenatal entre el futuro padre/madre y el bebé en gestación.

Según Laura, está comprobado científicamente que la comunicación que se establece entre la madre y el feto durante el embarazo, tanto a nivel físico como emocional, tiene un impacto en ambos y por eso es importante cuidar esa relación. En caso de que la madre sienta emociones negativas, debe saber que con el apoyo necesario es posible mejorarlas, para que su embarazo sea lo más sano y satisfactorio posible y que su bebé, después de nacer, pueda desarrollar patrones que lo lleven a ser un adulto con una alta autoestima.

Sigmund Freud[2] fue el primero en percatarse de la importancia de los sentimientos de las madres en relación con el futuro desarrollo de una alta autoestima en sus hijos. Se dio cuenta de que las primeras etapas de la maternidad tenían efectos a largo plazo en la psicología del niño y que la educación emocional de él empieza en el útero.

Según Villamil, estudios que existen hace varios años muestran que las mujeres que presentan una historia familiar de separación entre los padres o de alejamiento con alguno de ellos, o incluso con ambos, antes de cumplir los 11 años de edad, son más susceptibles de presentar trastornos psicológicos o crisis de pareja después del nacimiento de sus hijos. Asimismo,

---

[2] Freud, S. (1915).

es factible que tengan dificultades para alimentar y manejar el sueño de sus bebés.[3]

De ahí la importancia del vínculo afectivo que se establezca en las primeras etapas de la vida y su impacto en el origen y desarrollo de las relaciones con los demás, la personalidad e incluso la salud mental. Según Villamil, también es importante destacar que cada individuo es único y que además de esto hay también diferentes factores que influyen en cómo una persona desarrolla su amor propio y su autoestima a lo largo de la vida.

Si sientes que tu autoestima o amor propio están dañados o comprometidos debido a experiencias tempranas o situaciones actuales debes buscar apoyo profesional, que será útil para enfrentar esos desafíos y trabajar hacia un sentido más saludable de tu valor personal.

Por otro lado, es importante destacar que el amor propio no es algo estático, cambia a lo largo del tiempo y puede verse influenciado por diversas circunstancias y experiencias de la vida adulta. El desarrollo del amor propio también puede ser cultivado de manera consciente a través del autoconocimiento, el autocuidado y la búsqueda de ayuda profesional cuando sea necesario.

Hay estudios de distintos investigadores que aclaran cómo los niños se vienen desarrollando social y emocionalmente. Mary Ainsworth,[4] quien trabajó como psicóloga clínica, estudió la interacción entre madre e hijo durante el primer año de vida y desarrolló la herramienta de "la situación extraña", mediante la cual clasificaba a los niños en tres grupos a partir de dos factores: a) si exploran mucho o poco cuando están con su mamá, y b) cómo se comportan con su mamá cuando está presente,

---

[3] Frommer y O'Shea (1973).

[4] Ainsworth (1979).

cuando se va y, sobre todo, cuando regresa. A partir de la herramienta de la "situación extraña", Ainsworth logró dilucidar tres tipos de apego de acuerdo con las reacciones que tenían los pequeños durante la interacción con sus madres:

1. **Apego seguro**: Cuando los niños exploraban con libertad mientras estaban con sus madres, y aunque mostraban angustia cuando ella se iba, reaccionaban con felicidad apenas regresaba después de los tres minutos de separación que exigía la observación.
2. **Apego inseguro evitativo**: Eran los niños que mostraban poca angustia ante la separación de la mamá y tendían a evitarla apenas regresaba.
3. **Apego inseguro ambivalente**: Eran los niños que mostraban angustia durante todo el experimento: en el momento de la separación de la madre aumentaba la angustia y una vez regresaba, el llanto no cesaba.

Los estudios de Aisnworth demostraron que cuando una madre es accesible, sensible y atiende a las necesidades del bebé desde el inicio, esto se reflejará en un niño con un alto grado de confianza hacia sí mismo y hacia su madre —pues sabe que ella está atenta a lo que él necesite siempre—, y que, además, disfruta mucho de su compañía. Por el otro lado, las mamás que son insensibles a las necesidades de los bebés, que no son cariñosas o que los dejan llorar sin atenderlos, muy posiblemente tengan niños ansiosos, tristes o con problemas de tolerancia a la frustración.

Donald Winnicott,[5] referente en psicopatología infantil, atribuye gran cantidad de los trastornos infantiles y de la adultez

[5] En Ainsworth, *op. cit.*

al fracaso de los cuidados maternos; la madre esta encargada de sostener al bebé y a medida que ella o el cuidador sustituto habilitan al bebé para relacionarse con otras personas, este podrá habitar el mundo y sentirse "real, seguro, diferenciado y personalizado de forma independiente".

Según Laura Villamil, todo esto demuestra que el amor propio está estrechamente relacionado con la crianza y la disponibilidad de afecto de nuestros padres o cuidadores hacia nosotros. Estas bases son las que permiten desarrollar correctamente el amor propio, y es a partir de ellas que seremos capaces de establecer relaciones saludables basadas en el respeto mutuo y la reciprocidad. No dependeremos entonces de la validación externa para sentirnos valiosos y no permitiremos que otros nos traten de manera irrespetuosa o abusiva, porque desde pequeños nos han demostrado que somos valiosos, que merecemos ser atendidos, escuchados y amados.

Ahora, esto te lo escribo para darte muestras fácticas de lo que estoy explicando; con ello no quiero culpabilizar a las madres de todos los males del mundo, ni desconocer la realidad de la violencia intrafamiliar que azota a millones de hogares en el planeta, volviéndolos el lugar más inseguro para niños, niñas y mujeres. Lo que quiero es que veas que de esos primeros vínculos depende en gran medida la manera como nos relacionaremos en el futuro con los demás y con nosotros mismos.

¿Cómo sabemos si hemos desarrollado el amor propio?

Esta es una pregunta clave. El amor propio nos permite aprovechar al máximo nuestras capacidades y talentos, ya que a partir de él confiamos en nuestra habilidad para lograr los objetivos que nos tracemos. Es una herramienta que nos impulsa a perseguir nuestros sueños y nos da fuerza para superar obstáculos.

Villamil asegura que sabemos si hemos desarrollado correctamente el amor propio cuando entendemos y aceptamos quiénes somos, con nuestras virtudes y defectos, sin compararnos constantemente con los demás, cuando aprendemos a cuidar de nosotros mismos, tanto física como emocionalmente, al establecer límites saludables y priorizar nuestras necesidades.

Desarrollar el amor propio implica aprender a reconocer nuestros logros y celebrar nuestras victorias, por pequeñas que sean. También a ser compasivos con nosotros mismos cuando cometemos errores o enfrentamos dificultades, al entender que todos somos humanos y estamos en constante aprendizaje.

¿Qué pasa cuando llegamos a adultos con un pobre sentido de valoración de nosotros mismos?

Al hablar con Laura Villamil le pregunté qué podemos hacer si llegamos a la adultez con un pobre sentido de valoración de nosotros mismos para salir del círculo vicioso. Según ella, llegar a adultos con una baja valoración de nosotros mismos, además de golpear con fuerza nuestra autoestima, entorpecerá las relaciones con los demás así como las oportunidades de crecimiento personal. Sin embargo, esto no es una sentencia, todo siempre se puede trabajar.

Hay muchas estrategias que puedes usar para salir de esta situación. Lo importante es tener determinación y un deseo profundo de mejorar la manera como te sientes contigo mismo y con los demás, para dar pequeños pasos todos los días hacia el mejoramiento de la percepción de ti mismo y el valor que te das. Lo primero que debes hacer, si sientes que te menosprecias, es aceptar que hay un problema, reconocer tus sentimientos y admitir que en efecto sientes una baja valoración de ti mismo.

La doctora Villamil me dio varias recomendaciones durante nuestra conversación y quiero compartirlas contigo. La primera, y quizás la más importante, es que el primer vigilante de tu bienestar emocional eres tú mismo. Nadie más hará esa función por ti. Por eso es imperativo que estés atento a tu salud mental y emocional, porque esta es tan importante como la física. No andamos por el mundo con un dolor de muela sin atenderlo o buscar una solución, entonces tampoco debemos andar por ahí con un dolor del alma sin atenderlo. Para cuidar la salud mental y emocional es muy importante buscar actividades que te hagan sentir bien, como hacer ejercicio de manera regular, dedicar tiempo a un *hobby* que traiga alegría y rodearte de personas positivas. Los hábitos saludables son muy importantes: comer, moverse y dormir bien. Habla con amigos cercanos o familiares en quienes confíes acerca de cómo te sientes contigo mismo. El apoyo social puede marcar la diferencia cuando se trata de reforzar la autoestima.

La terapia de la mano de un profesional, como un psiquiatra, un psicólogo o un terapeuta especializado en autoestima puede ser decisiva, en especial si además de poca valoración personal y baja autoestima presentas depresión, ansiedad u otras patologías que no te permitan estar en paz contigo mismo, y que sean persistentes. Buscar ayuda profesional es la mejor decisión, pues ese apoyo es decisivo para una recuperación a corto, mediano o largo plazo, dependiendo de cada caso.

Cuando hablo de ayuda, me refiero también al núcleo más cercano, a la familia, que es la primera que está en capacidad de dar una mano si uno de sus miembros está manifestando comportamientos que revelen una baja valoración.

Un entorno familiar saludable permite a las personas lograr una mejor autoestima y autovaloración, y esto no se restringe a la etapa de la crianza, sino que se presenta el resto de la vida. No debemos olvidar que los humanos somos seres sociales y la familia es el primer espacio que debe proporcionar un ambiente seguro y de apoyo para el buen desarrollo emocional. Cuando las relaciones familiares fluyen de buena manera, sus miembros ofrecen afecto, atención y cuidado, y esto ayuda a los individuos a construir una imagen positiva de sí mismos. La familia también desempeña un papel importante en la formación de la identidad personal, pues a partir de las interacciones entre sus miembros, los individuos aprenden sobre sus características personales, talentos y habilidades únicas, lo cual les permite desarrollar una mayor confianza en sí mismos y sentirse valorados por quienes los rodean.

Sé que es difícil encontrar nuestros puntos fuertes, aquellos que nos hacen únicos y especiales, cuando rondan todo el tiempo en nuestra cabeza los pensamientos que nos dicen que no valemos, que no sabemos desenvolvernos con los demás, que somos peores a ellos o demasiado diferentes para que alguien pueda entendernos. Es importante encontrar todo el potencial que cada uno de nosotros posee, incluso cuando no siempre seamos capaces de mostrarlo a todo el mundo. Para la doctora Villamil, algo que ayuda en esa labor es sentarse con papel y lápiz y reencontrarse consigo mismo, escribir todas las fortalezas que uno posee, a pesar de que las sienta pequeñas. Reconocerlas es la mejor manera de reconstruir una mejor imagen de uno mismo y estoy segura de que después de hacer el ejercicio te sorprenderás al descubrir que eres bueno para muchísimas cosas. Seguro que sí.

Esta estrategia debe ir acompañada de un cuestionamiento constante a los pensamientos negativos sobre ti mismo que se agolpan en tu cabeza. Cuando aparezcan, cuestiónalos, contrarguméntalos para desmentirlos, deja de creer todo lo que esa vocecita interior te dice, porque, si lo analizas, estoy segura de que muchas de las palabras y afirmaciones que rondan tus pensamientos son cosas que ni siquiera serías capaz de decirle a otra persona, mucho menos a alguien a quien quieres. Entonces ¿por qué te permites hablarte de esa forma? Por ejemplo, si te dices que no eres capaz de realizar alguna tarea con eficiencia, rétate y hazlo. Es una competencia contigo mismo, pero los resultados bien merecen la pena, y con cada pequeño logro irás ganando más confianza y seguridad en ti mismo.

También me entrevisté con la psiquiatra Rocío Barrios,[6] experta en psicoterapia, pues quería saber cuál era su concepto del amor propio y comprender cómo lo manejaba desde su práctica. Lo primero que me dijo es que es importante destacar que el amor es un estado de cuidado. La Real Academia de la Lengua Española marca como sinónimos de "cuidar" a proteger, defender, vigilar, guardar, conservar, custodiar, mantener, preservar, velar, administrar, asistir, atender y curar. Ahí podemos ver a qué se refiere el término de "cuidado" y entender que esta es la materia primera de la labor que deben ejercer las figuras parentales, pues es a partir de un buen ejercicio de "cuidado", o amor, que ellos crean un espacio en el que te sentirás valioso y crecerás bien. Esos estímulos impactarán el resto de tu vida, en especial en lo que tiene que ver con la relación contigo mismo y con el

---

[6] Rocío Barrios es médica cirujana de la Universidad del Rosario, con especialización en Psiquiatría y Psicoterapia, y subespecializaciones en Psiquiatría de Enlace e Interconsulta, de la Universidad del Bosque, y Psicoterapia Transpersonal, de la Escuela de Claudio Naranjo. Fue la creadora del Programa de Salud Mental de la Clínica Reina Sofía, coordinadora del Capítulo de Psiquiatría para la Mujer de la Asociación Colombiana de Psiquiatría (ACP) y directora del Programa de Psiquiatría de Enlace de la Escuela Colombiana de Medicina.

cuidado que tengas también hacia ti. Aprendemos a cuidarnos cuando vemos cómo otros nos cuidan.

Pero, claramente, la historia de cada uno y su experiencia familiar y de crianza son distintas. Lo que nos proponen ambas psiquiatras es una visión de la crianza ideal, que perfectamente puede ser muy distinta de la que tú experimentaste. Entonces, ¿cómo se puede lograr el amor propio a partir de la historia que viviste? Lo que nos explica la doctora Barrios es que se debe entrar de manera intencional en la escuela del aprendizaje emocional, para así revisar, conocer, comprender y conectar con tu historia y reeditarla para que se convierta en tu lugar de confianza. Para lograrlo se debe trabajar en tres pilares, que hacen parte de una conversación contigo mismo.

1. **Autoconciencia:** Esto implica darte cuenta de lo que sientes, piensas y crees, y ser consecuente con ello. Practicar a diario lo que reflexionas te permite ser auténtico, sentirte cómodo contigo mismo y aportar al mundo.
2. **Autoestima:** Es el aprecio por tu propia persona. Es tener una evaluación perceptiva de cuidado y protección hacia ti mismo, a diario.
3. **Autocuidado:** Así como probablemente cuidas tu alimentación y tu higiene personal, es clave cuidar también tus emociones y pensamientos. El arte del buen cuidado debe atender en todo momento a la esfera de lo mental y lo emocional, para que no te falte amor propio en ningún momento.

Además de esto, para Barrios el amor propio demuestra tu capacidad de saber quién eres, de sentir certeza en tu forma de elegir lo que deseas, de llegar a acuerdos contigo mismo, de sostenerte en tus principios de vida, de saber cuáles son tus talentos, de vanagloriarte con tu manera de mirarte en el mundo, de ser una persona compasiva y amable, de ser receptivo, de saber que puedes vivir desde la diferencia y nutrirte de ella, de entender que interactúas con el afuera pero no dependes de él, y de vivir en revisión constante de ti mismo para sostenerte en tu conocimiento y tu calma.

El amor propio desde una visión del alma

Otra mirada que quiero exponer aquí y que considero pertinente a la hora de hablar de amor propio, es la de lo espiritual, y para esto le pedí a la terapeuta Andrea Novoa[7] que me ayudara a explicar de una manera clara y sencilla la importancia del amor propio al nivel de nuestra alma y nuestra esencia. Para Andrea todo se reduce a que somos seres de amor desde nuestra esencia espiritual, pues en realidad somos seres espirituales que viven experiencias en un cuerpo físico.

El camino de la existencia humana de cada uno de nosotros comienza en la Fuente, en Dios, en el gran Espíritu. Todos, sin excepción, nos desprendemos de Él como pequeñas extensiones que configuran lo que denominamos alma. Nuestro mayor propósito espiritual y álmico es evolucionar para nutrir a esa gran Fuente creadora: Dios.

Cuando nos desprendemos de Él, como pequeñas llamas, para comenzar nuestro viaje del alma a través de varias vidas y distintos roles, se crea una ilusión de separación con esta Fuente y nace el miedo en nosotros. Con todo y esto, seguimos siendo

---

[7] Andrea Novoa es terapeuta espiritual. Hace Terapia de Respuesta Espiritual, *Thetahealing*, Sanación Angelical, Tarot Angelical y Péndulo Universal. Es influenciadora y cuenta con más de dos millones de seguidores en sus redes sociales. Además, es autora de los libros *Los archivos secretos del alma* y *Si lo quieres, manifiéstalo*.

amor al nacer en un cuerpo físico, pues nuestra esencia solo conoce y sabe vivir en el amor. Sin embargo, con el paso de los días, después de nuestro nacimiento y a partir de las realidades del mundo en el que nacemos, de unas características familiares, sociales, culturales y religiosas, nos alejamos un poco más de esa esencia de amor absoluto.

Empezamos a adoptar creencias limitantes y a vivir a partir de ellas, de tal forma que poco a poco olvidamos nuestra esencia amorosa.

El ser humano es uno de los animales menos desarrollados al nacer, es decir que somos absolutamente dependientes de quien nos cuida, principalmente nuestra madre. No podemos alimentarnos solos, no podemos desplazarnos solos, es más, ni siquiera podemos controlar nuestra temperatura corporal y el latido de nuestro corazón: estos se regulan a partir de los de quien nos lleva en brazos. Nuestro único medio de comunicación es el llanto y lo usamos para avisar si tenemos hambre, frío, sueño o el pañal sucio. Necesitamos del cuidado y el apego hacia nuestros padres para sobrevivir. Es más, te cuento algo que quizás no sabes: cuando se deja que los bebés lloren sin ser atendidos, después de un tiempo dejan de llorar, no porque dejen de necesitar la atención y se vuelvan "autónomos" o "juiciosos", sino porque aprenden que su llanto no es escuchado y no sirve. Y aunque los bebés no tengan más lenguaje que ese, su cerebro y su cuerpo registran si es cuidado con amor o si, al contrario, sus necesidades básicas nos son atendidas de manera apropiada.

Mientras crecemos, nuestro amor propio tiene dos opciones: verse nutrido o desvanecer. Casi siempre sucede lo segundo: nuestro amor propio empieza a bloquearse por las exigencias externas y la forma en la que aprendemos a ser amados por parte de nuestras figuras parentales.

Por lo general nuestros padres desean criarnos de la manera correcta. El problema es que ellos vienen de familias que durante generaciones han repetido prácticas de educación basadas en la ignorancia y el desconocimiento, pues nadie les enseñó cómo criar desde el amor.

La historia de la humanidad está inevitablemente impregnada de guerras, luchas de poder, dominio, control, sometimiento y todo lo que genera el ego, ese ego que adoptamos al nacer con el fin de protegernos, pero que termina apoderándose de nosotros y controlando nuestras vidas.

El ego dice que para que el otro me ame debo dominarlo. También dice que para que alguien entienda una lección, se le debe transmitir a la fuerza. Que para que el otro haga lo que yo quiero, debo someterlo a mi voluntad y convertirlo en un esclavo de mis creencias. Todo esto nos ha hecho pensar que el amor es violencia, abuso, crítica, juicio, dominio y malos tratos.

Nuestros padres vienen de allí. De cientos y miles de generaciones pasadas que creyeron que amar a los hijos era tratarlos mal para que aprendieran, o que simplemente veían la familia no como un espacio de amor y confianza, como hoy creemos muchos que debe ser, sino como un grupo de gente que valía como fuerza de trabajo y producción, en el cual el padre era el jefe, la cabeza del hogar, y los hijos sus esclavos. El problema es que en realidad cada vez que nos gritaron, pegaron, amenazaron, juzgaron, mintieron y evadieron cuando niños, no dejamos de amarlos como padres, sino que dejamos de amarnos a nosotros mismos.

Nuestras figuras paternas son nuestro ejemplo cuando somos niños o niñas. Nuestros padres son héroes y nuestras madres heroínas, son nuestro punto de referencia, y esto hace que todo lo que ellos hagan o digan se convierta en una verdad absoluta para nosotros.

De esta manera, crecimos creyendo que "te pego porque te amo", "te violento para que aprendas", "la tinta con sangre entra", "el mejor psicólogo es el doctor 'correa'", "a los niños hay que reprenderlos para que no se le salgan a uno de las manos", "hay que sufrir para aprender la lección", entre tantas otras creencias limitantes que desarrollamos en la infancia.

Y así, poco a poco, fuimos olvidando lo que es amarnos a nosotros mismos, porque nunca nos sentimos realmente amados por quienes eran nuestros ejemplos. Es decir, no podemos aprender a amarnos si no sabemos realmente qué es el amor. Empezamos a confundir el miedo y la violencia con amor, los gritos con autoridad, el desprecio con independencia, las críticas con perfeccionismo. En otras palabras, como dice la psicóloga Nicole Lepera, aprendimos a traicionarnos a nosotros mismos para recibir amor.

Si te has fijado, siempre que llega el despertar a nuestras vidas, lo primero que pensamos es que tenemos que encontrar el amor propio. Muchas personas aseguran que se trata de construir el amor propio, pero en realidad no hay nada que construir, sino por redescubrir.

En el fondo, muy en el fondo, somos amor total. Por eso es que vamos a terapia y empezamos a barrer y a limpiar nuestro pasado, a perdonar, a explorar todo lo que nos sucedió desde niños o incluso en nuestras vidas pasadas, si lo planteamos desde la Terapia de Respuesta Espiritual, y esto nos permite resolver el daño para reencontrarnos con nuestra esencia.

Andrea me dice que cuando termina la vida física y salimos del cuerpo, como almas regresamos al reino espiritual en donde solo existe el amor. Esto nos permite entender que el reto nunca fue construir algo que ya venía de fábrica con nosotros, sino recuperarlo. Y en eso nos pasamos encarnación tras encarnación, descubriendo nuestra esencia como seres amorosos, porque en realidad no existe nada más que el amor.

Te preguntarás entonces para qué nos desprendimos de nuestra Fuente si íbamos a terminar volviendo a buscarla de nuevo, como al amor. La respuesta es que la Fuente necesita nutrirse de amor, amor y más amor. La manera más precisa de lograr esta energía en toda su potencia es asegurarnos de que, a pesar de los retos y la dualidad humana, logramos permanecer y reencontrarnos con el amor radiante e inquebrantable.

Al final del día, según Andrea, como humanos aprendemos a través de situaciones adversas, para demostrarnos a nosotros mismos que nada ni nadie puede ahora destruir el amor en nuestras vidas. Los seres que regresan definitivamente a la Fuente y que no necesitan más encarnaciones físicas, son aquellos que a pesar de todo (como Jesús o Buda) se mantuvieron vibrando solo en amor.

Seguramente esto te suena a poema y positivismo tóxico, pero en realidad es el orden de todas las cosas. Nacemos como almas después de desprendernos de la Fuente de amor. Nacemos en cada vida después de un acto sexual que es una unión de cuerpos y energía. Nos fundimos y conectamos a nivel energético con tal fuerza, que se crean nuevas vidas.

El Universo es expansivo e inclusivo. Esto quiere decir que no sabe de exclusiones. El miedo nos hace evadirnos, excluirnos y negarnos la vida misma. El miedo en realidad es una ilusión creada por el ego para sobrevivir a las amenazas que como humanos encontramos, pero a nivel del alma la única y absoluta energía creativa es el amor, asegura Andrea. Amarnos a nosotros mismos es acallar esos miedos que no resuenan en absoluto con nuestra misión expansiva en el Universo, para reencontrarnos con la verdad, que es esa potencia interior y creadora que tenemos como almas.

Ella te invita a explorar tu pasado, tu infancia, la forma en la que recibiste amor y en la que creíste que recibías ese amor. Muchas veces tenía que ver con el trato de nuestros adultos de confianza hacia nosotros, pero también con la forma en la que vimos que ellos creían amarse entre ellos.

Pregúntate y cuestiónate una y otra vez si eso que estás sintiendo o viviendo es realmente amor, o es tan solo una de tus creencias limitantes sobre lo que es el amor.

El camino hacia el amor es un proceso de exploración profunda de nuestra historia, pero también una indagación sobre lo que debería ser amarnos realmente. Una vez lees, conoces, comprendes lo que es realmente el amor, no podrás evitar sentirte atraído a seguir alimentándolo cada día más y a retornar a tu esencia espiritual de ser amoroso, obra y esencia de Dios.

Mi amor por él era superior a mí

Claudia conoció a Andrés durante un congreso de trabajo en Cartagena, Colombia. Él era dermatólogo y ella trabajaba en un laboratorio que vendía productos dermatológicos.

Cuando ella lo vio quedó muy impactada, pues él era un reconocido dermatólogo en el país y, sobre todo, un hombre muy guapo y caballeroso. Andrés estaba casado, era joven y tenía dos hijas. Por su parte, Claudia era soltera, no se había casado nunca, pero siempre había soñado con tener una pareja que le diera libertad, pero que fuera estable y comprometida a nivel emocional.

Se conocieron en el Hotel Santa Clara. Ella me aseguró que al verlo quedó paralizada, primero, al reconocerlo; segundo, porque le habían dicho que era una persona complicada; y, tercero, porque era muy guapo y ella lo admiraba.

Además de soñar con una pareja estable que le permitiera seguir desarrollándose laboralmente, Claudia también deseaba a un hombre que fuera poderoso, inteligente y caballeroso. Y, como ella se dedicaba a visitar médicos para ofrecerles muestras de los productos farmacéuticos, en su imaginario había una inmensa admiración por ellos.

Apenas se miraron se dieron cuenta de que se gustaban, pero ella tenía pánico de acercarse a él, pues sus compañeras le habían contado que era un hombre difícil. El primer encuentro se dio cuando ya estaban registrados en el hotel. Después de dejar sus cosas en la habitación, Claudia bajó con un vestido corto de verano a la piscina y de casualidad allí estaba Andrés, quien quedó impactado con su belleza, tanto así que se acercó a hablarle. Desde el principio le compartió que estaba en proceso de divorcio de su esposa y que las cosas entre ellos no estaban nada bien. Claudia, que apenas lo estaba conociendo, no vio razón para no creer lo que él le decía.

Pasaron todo el congreso juntos, hablando, compartiendo y cenando. Y aunque se entendían muy bien, no pasó nada más. Ni siquiera se dieron un beso mientras estuvieron en Cartagena.

Claudia tenía mucha incertidumbre acerca de cómo seguirían las cosas una vez terminado el congreso, ya en la realidad del día a día en Bogotá. Pero apenas regresaron, Andrés siguió enviándole mensajes durante toda la semana siguiente. Sin embargo, después los mensajes pararon durante diez días. Ella, resignada, pensó que quizás hasta ahí había llegado la historia. Un simple amor platónico de verano.

Quince días después del regreso de Cartagena, de la nada, Andrés la invitó a comer y ella aceptó. La recogió en su carro, la llevó a un restaurante en las afueras de la ciudad, en donde cenaron y bailaron toda la noche. A las 4 de la mañana la dejó de vuelta en su casa y, aunque él le pidió que subieran, ella no quiso invitarlo a pasar. Eso no impidió que para despedirse se dieran un beso apasionado, que le hizo sentir cosas que nunca había sentido en la vida. A Claudia se le movió el alma y el corazón con ese beso. También se le despertó un miedo profundo, pues no tenía garantías de nada con Andrés, quien no había querido volver a hablar de su matrimonio y evadía el tema de su separación. Al ver su actitud, ella tampoco quiso insistir al respecto.

Pero a partir de esa noche la relación comenzó a ponerse más seria. Había videollamadas diarias, cada rato le enviaba rosas y, a pesar de la pesada carga laboral de ambos, se veían al menos de dos a tres veces por semana.

La relación parecía un noviazgo normal, hasta que un día Andrés contestó una llamada mientras estaban juntos, y ella alcanzó a oír que una voz de mujer llamaba a Andrés "Amor" y le preguntaba a qué hora regresaría a la casa. Claudia lo interpeló apenas colgó la llamada, pero él, de manera evasiva, le dijo que su exesposa seguía en la casa, porque no tenía donde más vivir hasta que se diera la separación de bienes del divorcio, y que además aún no le contaban a las niñas lo que había pasado. A pesar de que la situación, además de incómoda, la agarró desprevenida, optó por creerle y tratar de comprender su situación. No se le pasó por la cabeza la posibilidad de un engaño.

Aun así, al día siguiente amaneció inquieta y preocupada. Sentía mucha ansiedad y decidió llamar a su hermana, Tatiana, para pedirle que pasaran el día juntas y fueran de compras, para así poder despejar un poco su cabeza. Lo que nunca se imaginó es que fuera a ver a Andrés y a toda su familia en la plazoleta de comidas. Conversaban animadamente y él besaba y acariciaba la mejilla de su esposa, con mucha naturalidad y cariño. Además, se dio cuenta de que Andrés llevaba en su mano la argolla de matrimonio, que nunca tenía puesta cuando se veía con ella. Después de pensar por unos minutos si acercarse a la mesa y enfrentarlo, o irse corriendo a casa, optó por dejarse guiar por su hermana, quien la condujo directo al carro. Andrés no la vio y por lo tanto no se enteró de que ella ahora conocía su secreto.

Esa noche, Claudia recibió un mensaje en el que Andrés le decía que tenía que irse a un viaje con sus hijas y que estaría un poco desconectado del celular. Ella optó por hacerse la loca y no confrontarlo, para ver hasta dónde llegaban sus mentiras, pero estaba destrozada y no paraba de llorar. No quería comer, no quería siguiera pararse de la cama. Sentía que el corazón se le iba a salir del pecho y le dolía el tórax, algo extraño en ella. Se sentía culpable por haber caído en las mentiras de Andrés y haberse ilusionado con él. Ni el malestar ni el dolor cedían, al punto de que comenzó a sentir que el brazo se le dormía. Así que llamó a emergencias y muy pronto fue remitida al servicio de urgencias de una clínica. Una vez ahí perdió el conocimiento y al despertar se enteró de que había sufrido un preinfarto.

Claudia no quiso llamar a nadie para que la acompañara. No quería preocupar a su hermana y menos a Andrés, por lo que pasó el fin de semana hospitalizada y sola. Él no la contactó tampoco durante esos días, bajo el argumento de que estaba con sus hijas, pero ella sabía que la realidad era que estaba con su familia y que no se había divorciado.

Cuando retomaron el contacto, a la semana siguiente, ella no le contó que había estado en el hospital, ni tampoco fue capaz de confrontarlo después de lo que había visto. Ella sentía que amaba más a ese hombre de lo que se amaba a sí misma, así que sobra decir que su amor propio estaba por el suelo. Pero su mayor miedo era al abandono. No quería volver a sufrirlo, como cuando niña, cuando su padre abandonó a su madre, a su hermana y a ella. Claudia era víctima de un pasado que no había sanado y que no le permitía salir de una relación tóxica, llena de mentiras, engaños y promesas incumplidas.

El caso de Claudia es muy común en personas que han sufrido el trauma del abandono en su infancia. Prefieren permitir que otros les pasen por encima, los humillen y los maltraten, bajo el argumento de que el amor que sienten por quien les hace daño es más grande que cualquier otra cosa. Pero, en realidad, ¿puede ser el amor a otro mayor que el amor a uno mismo? ¿Puedes ser capaz de anularte a ti mismo con tal de no ser abandonado?

Las mentiras de Andrés continuaron y la salud de Claudia empeoró. Además de su corazón, ahora su sistema digestivo comenzó a fallar. Después de pasar 11 días sin ir al baño, debió ser ingresada, de nuevo, de urgencia al hospital. La situación era tan grave que un lavado clínico no fue suficiente, tuvo que ser sometida a una delicada cirugía, pues presentaba una obstrucción intestinal que, además de ser una intervención compleja, la dejó con una cicatriz enorme en el estómago. Mientras estuvo hospitalizada, dejó de responderle los mensajes y las llamadas a Andrés, no quería que él se enterara de lo que le había sucedido. Él la buscó con desesperación, al punto de ir varias veces hasta su edificio durante esos días, sin recibir respuesta, pues el portero tampoco sabía dónde estaba Claudia.

En solo 4 meses de relación ya Claudia había sufrido un preinfarto y una obstrucción intestinal, dos crisis médicas graves. El cuerpo le estaba gritando que esa relación no era sana para ella, que no podía permanecer ahí, pero ella se negaba a afrontar la situación.

Al regresar a casa tuvo que contarle a Andrés lo que había pasado, pues la incapacidad y la cicatriz eran imposibles de ocultar. Pese a todo, nunca le reclamó nada y optó por seguir callada.

La relación parecía ir bien, a pesar de que ella no lo confrontaba y no se hablaba abiertamente de lo que estaba pasando. Compartían mucho tiempo juntos y él incluso se quedaba a dormir varios días, incluso durante fines de semana completos que pasaban en el apartamento de Claudia o de viaje. Y aunque ella lo suponía, se negaba a creer la realidad: que Andrés le mentía a su esposa para pasar tiempo con ella. La situación se había "normalizado" a tal punto que Claudia se ilusionó con la posibilidad de viajar durante la temporada navideña con Andrés, pero días antes de la Nochebuena él desapareció, dejó de contestarle el teléfono e ignoraba sus mensajes de WhatsApp durante más de una semana. Fue la peor Navidad en la vida de Claudia y su cuerpo tampoco lo pudo aguantar. Su estómago la obligó a regresar a la clínica. Su hermana, desesperada, me contactó a comienzos del año para pedirme que comenzara terapia con Claudia.

Cuando la conocí quedé muy preocupada. Era una mujer de 44 años, pero parecía que tuviera 10 años más. Tenía la cara muy delgada, los ojos tristes y la mirada perdida, como la de un enfermo terminal en sus últimos días. Podía ver con claridad que estaba pasando por una depresión profunda y me impactó que la foto de su WhatsApp no coincidiera en nada con la cara que se asomaba en mi pantalla durante la sesión. Lucía enferma, marchita.

Decidimos trabajar una sesión por semana durante 5 meses. La situación había escalado al punto de que su estómago no respondía y debían alimentarla por medio de una sonda, pues no toleraba los alimentos. Cuando le pregunté qué le pasaba, me respondió algo que me dejó helada: "Me está matando el amor —me dijo—. Me enamoré de un hombre casado y lo amo más que a mi propia vida".

Y sí, era evidente que estaba ante una mujer que se había olvidado de sí misma y estaba sumida en un amor tóxico que no era correspondido, con un hombre que no estaba disponible emocionalmente. Aun así, ella me mostró su fuerza y su intención de buscar ayuda al contarme que había decidido irse a vivir con su hermana, para que Andrés no pudiera encontrarla en su apartamento, y lo había bloqueado en su teléfono y en todas sus redes sociales para evitar cualquier contacto con él.

Trabajamos muy bien durante los dos primeros meses, y aunque su dolor era profundo, comenzó a sanar la relación con su padre. Ella no perdonaba a su papá por haberlas abandonado y buscaba, sobre todo, sanar su codependencia, que la llevaba a aguantar lo que fuera con tal de no ser abandonada.

A los 2 meses Andrés reapareció y la situación volvió a tornarse gris. Regresaron los problemas digestivos de Claudia y su estado de ánimo también se fue a pique. El tema fue tan grave que Tatiana decidió sacarla del país. Se la llevó de viaje a Nueva York y la obligó a apagar su celular y a desconectarse de sus redes para olvidarse de Andrés. Este escape le sirvió por un tiempo, pero al regresar a Colombia, el miedo al abandono volvió a asomar su horrible cara. No obstante, Claudia estaba tan cansada y desgastada física y emocionalmente, que tomó la decisión de dar prioridad a su salud y a su vida antes que seguir en esa relación.

A los pocos días de regresar de Nueva York, me pidió que adelantáramos su sesión de terapia, y como en la vida los tiempos son perfectos, al día siguiente se me había abierto un cupo y le di prioridad. La atendí y, como si fuera un milagro, me dijo: "Carolina, necesito salvarme. Estoy muy mal. Si no me salvo y sigo poniendo a Andrés como prioridad, quizás no regrese a la siguiente terapia". Me asusté mucho porque temí que me estuviera insinuando que se planteaba acabar con su vida. De inmediato la puse en contacto con una psiquiatra y comenzamos proceso juntas, para apoyarla. Además, decidió irse a un retiro espiritual y eso la ayudó muchísimo. A su regreso la sentí renovada.

Tuve la fortuna de acompañarla durante algunos meses más. Pude ver su transformación, recuperó peso, volvió a verse tan preciosa como en su foto y comenzó a sentirse valiosa. Hace varios meses que ya no la atiendo, pero ella me escribe mensajes cada tanto para agradecer mi apoyo y contarme de su vida. Hace poco me dijo que estaba conociendo a alguien nuevo. De Andrés no volvió a saber y decidió cambiar de trabajo, así que ya no corre el riesgo de encontrárselo en ningún ámbito laboral.

Como Claudia, son muchos los casos en los que si no hay unas bases sólidas de amor propio, las agresiones, las infidelidades y la falta de límites pueden llevar a acabar con la vida y la salud de una persona.

¿Cómo sanar un corazón roto?

Conocí a Eric en una piscina. Acababa de regresar a Miami, donde vivo, después de haber pasado unos días en Bogotá. Mi vuelo había llegado a la madrugada de un sábado y mi amiga Paula (a quien de cariño llamo "la Reina") me había invitado a pasar el día en la piscina de su edificio. El plan era compartir la tarde con ella, su esposo y algunos amigos. Como se trataba de un plan relajado, un sábado cualquiera, y yo todavía estaba un poco cansada por el viaje, decidí no arreglarme mucho y ponerme una ropa bastante recatada.

Lo usual es que las mujeres latinas que vivimos en Miami nos arreglemos y maquillemos mucho para cualquier salida. Solemos ser muy vanidosas y a usar nuestros mejores accesorios para cualquier tipo de plan. Yo ese día no cumplía con la regla, para nada, con decirte que ni siquiera me había puesto aretes, tenía la cara lavada y el pelo recogido. Lo último que tenía planeado era ir en actitud de conquista.

Mi amiga Paula y su esposo viven en un edificio muy lujoso y la piscina parece la de un hotel de cinco estrellas. Entonces, al llegar, el primer pensamiento que se me cruzó por la cabeza fue que el lugar era muy lindo y que la piscina estaba llena de gente hermosa.

Paula es mi amiga banquera por excelencia, trabaja en el área de las finanzas y a lo largo de nuestros años de amistad he conocido a muchos de sus amigos y compañeros de ese mundo, pero me sorprendí al ver que ese día había muchas caras nuevas para mí en esa reunión. Solo había una pareja de amigos colombianos que ya conocía. Después de que me presentaron a los invitados, deduje que todos eran latinos menos uno, Eric: un hombre blanco, con la cara completamente embadurnada de protector solar —como si fuera un mimo—, gafas oscuras y pinta de estadounidense. Al verlo asumí que no hablaba español y lo saludé en inglés, entonces ya te imaginarás la sorpresa que me llevé cuando me contestó en español, porque era mexicano.

Mi historia con los mexicanos y mi amor hacia ellos comenzó en 2016 cuando conocí a Edgardo, mi exesposo, que era de Ciudad de México y falleció en diciembre de 2020. Desde mi experiencia con él, me enamoré de la caballerosidad y el trato de los mexicanos hacia las mujeres. En mi caso, siempre me han tratado como a una reina. Tras la muerte de Edgardo, tuve la oportunidad de salir con otro hombre mexicano, que también fue muy amoroso y caballeroso. Mi preferencia por los hombres de esa cultura es total. Son todo un referente para mí.

Apenas saludé a Eric y me di cuenta de que era mexicano, se me iluminaron los ojos. Me contó que tenía 43 años y que era soltero y sin hijos. Eso no es algo secundario: a mis 35 años había descubierto que la mayoría de hombres que me pretendían ya eran bastante mayores, tenían hijos y estaban divorciados o eran viudos.

Desde el primer momento Eric fue amable pero no coqueto. Comenzamos a hablar y al poco rato le confesé que estaba muerta de hambre, pues, como había llegado tan tarde y cansada del viaje, había salido de mi casa sin desayunar. En la fiesta había trago, pero nada de comer, entonces él se ofreció a llevarme al supermercado con el esposo de Paula, para comprar pasabocas para todos y así evitar que alguien se fuera a sentir mal por tomar licor todo el día, al sol y sin comer nada.

Desde el momento en que salimos hacia el supermercado sentí una conexión con él, hicimos clic muy pronto. Me contó que acababa de terminar con su novia después de cinco años de relación y que desde que estaba solo no había logrado conocer a una persona que le pareciera interesante. Por mi parte le compartí que mi marido había fallecido hacía dos años y cinco meses, y que después de la etapa tan dura de la enfermedad y el duelo me había encontrado con lo difícil que era buscar de nuevo una pareja que valiera la pena. Sobre todo le expresé que lo único que quería de una nueva relación era paz y tranquilidad.

No nos separamos durante toda la velada, bailamos, charlamos y seguimos la fiesta en un bar cercano hasta el amanecer. Tras pasar más de 12 horas juntos, y de hablar sin parar ni un solo instante, me di cuenta de que Eric no era cualquier hombre y que había algo especial en él. Sin embargo, mi coraza protectora me hizo negarme a la oportunidad de conocerlo y cuando me di cuenta de que me sentía atraída hacia él, de inmediato le dije: "No quiero volverme a casar, no quiero tener hijos y no estoy buscando comprometerme de nuevo con nadie". A lo que él contestó: "Yo tampoco".

Me pareció perfecto que me dijera eso, incluso me hizo sentir tranquila, sin presión, me dio la certeza de que podía hacerme amiga de él. Pero, como dicen en mi país: "Amigo el ratón del queso". A los pocos minutos de asegurarnos que no queríamos nada serio, me abrazó y me dijo unas palabras preciosas que me marcaron mucho: "No te preocupes, que de ahora en adelante ya no estarás sola. Yo te voy a proteger. No te tienes que cuidar de mí, no te voy a hacer daño". Eso caló en mí, incluso sin conocerlo bien.

En un comienzo no entendí por qué me lo decía y tampoco quise creerle, pues venía de una situación vulnerable; apenas acababa de reconstruir mi vida después de Edgardo. Además, había tomado trago y yo no acostumbro beber licor, entonces todo parecía lejano, etéreo, como un sueño. Al rato comencé a sentirme mareada y él se encargó de llevarme a mi casa para poder acostarme y descansar, pero también para asegurarse de que llegara sana y salva a mi apartamento después de tantas horas de fiesta. Además, tenía que dedicar el día siguiente a terminar de escribir mi segundo libro para enviárselo a tiempo a mi editora, Carolina Vegas.

No dormí casi nada esa noche y me desperté muy temprano el domingo, con taquicardia. No sé si se me aceleró el corazón por no haber dormido, por haber tomado o porque estaba muerta del miedo por haber conocido a un hombre especial que claramente me había movido el piso. Después de dos años y cinco meses había tenido ya varios pretendientes, y a ninguno le había creído nada de lo que me decía en su esfuerzo de conquista.

Después de mediodía recibí un mensaje de Eric en el que me preguntaba cómo me sentía y si podía visitarme. Yo estaba muy concentrada en mi trabajo de escritura y luego me fui a dormir muy temprano, porque estaba trasnochada, así que lo dejé "en visto". Esta es la hora en que Eric todavía no me cree que me quedé dormida y por eso no le contesté más rápido, pero acá lo dejo en blanco y negro para constatar que así fue, que no fue por evadirlo o hacerme la difícil. La situación se puso tensa cuando después de contestarle, por fin, él me ignoró durante más de una semana. Para ese momento ya estaba acostumbrada a los hombres que desaparecen, y en verdad pensé que él sería un amante más del *ghosting* (término que se usa para describir a una persona que nunca vuelve a contestar los mensajes de texto y desaparece, como un fantasma). Yo tendría unos días muy ocupados y llenos de viajes, debía ir a Dallas y luego a Bogotá para participar en la Feria del Libro, entonces no tenía cabeza para pensar en algo distinto a mi trabajo, pero estando en Dallas, el domingo siguiente, recibí un mensaje de Eric invitándome a salir a la semana siguiente. Acordamos vernos el jueves para cenar.

Yo en realidad no pensé que fuera a reaparecer, pero desde ese día recibí mensajes de él toda la semana y lo sentí interesado, así que me di la oportunidad de salir con él para conocerlo mejor. Ese jueves había quedado de verme con una amiga que venía de Bogotá, por lo que le ofrecí a Eric que llegara más temprano adonde estaría con ella y que luego saliéramos de ahí a nuestra cena. Él accedió, y cuando lo vi llegar al lugar, divinamente vestido, peinado y arreglado como un príncipe, ahí sentí la magia. Nos ofreció algo de tomar a ambas y se portó muy amable con mi amiga; nos trató cómo reinas. En ese momento supe que Eric era el hombre que estaba buscando y que no iba a dejar pasar la oportunidad de conocerlo mejor. Después de tantos años, era el primer hombre que en verdad me llamaba la atención, que me hacía sonreír, sentir feliz y, sobre todo, ilusionada.

Después de la cena, mientras regresábamos a la casa en un Uber, me preguntó, a la vieja usanza, como cuando uno era adolescente, si quería ser su novia. A mí me pareció que todo estaba pasando muy rápido, pero igual me sentí cómoda, a pesar de haberlo conocido hacía menos de dos semanas. En tan poco tiempo ya ambos sentíamos que estábamos hechos el uno para el otro, así que, sin darnos mucha espera, decidimos comenzar a caminar la vida juntos ahí mismo. La verdad es que hemos sido inseparables desde ese momento. A los cinco meses nos mudamos juntos y ya hoy somos un hogar feliz, basado en el amor, el respeto y la comunicación, un hogar en donde ambos nos estamos dando la oportunidad de sanar nuestro corazón, pues él también llevaba varios meses sanándose de la relación con la que fue su pareja, en la que había sido traicionado y herido. Es decir, ambos estábamos siendo muy cautelosos.

"No temas, que estoy contigo"

Me llena de felicidad y orgullo compartir mi historia, en especial después de haber pasado por dos matrimonios (uno que terminó en divorcio y otro en viudez), y ser prueba de que todos tenemos la oportunidad de rehacer nuestras vidas y, sobre todo, de que el amor verdadero sí existe.

Todos tenemos miedo de que nos hagan daño y ese temor lo enmascaramos con frialdad y rebeldía. Muchas veces preferimos estar solos por comodidad, porque la soltería nos permite ser nosotros mismos, regirnos por nuestras propias reglas y horarios, sin pensar en nadie más. Pero ¿realmente nacimos para vivir solos? A mi modo de ver, el humano es un ser social y las relaciones con lo demás, aunque sean desafíos complejos, son las que nos nutren y nos hacen grandes.

La soledad es un sentimiento que acaba poco a poco con la vida de muchísimas personas, las enferma y las deprime. Esto es lo que veo en mis pacientes con cáncer de páncreas, problemas estomacales, tumores y sobrepeso: la energía del abandono rige sus vidas y eso se ve reflejado en su salud física y emocional.

Entonces, ¿qué era lo que estaba viviendo yo? Un capítulo de duelo, en el cual lo ideal era estar sola y no atarme emocionalmente a nadie. Había sufrido mucho con la enfermedad neurodegenerativa de mi esposo, quien falleció a los 16 meses de haber sido diagnosticado con cáncer en el cerebro. Fueron meses de total angustia e incertidumbre, y de un cansancio extremo, en los que no paré de cuidarlo un segundo, tanto en casa como en el hospital, todo unido a una tristeza profunda al verlo sufrir, al presenciar el deterioro que tuvieron su cuerpo y su mente durante ese tiempo. Era lógico que yo no quisiera vincularme con nadie y mucho menos abrir mi corazón, sin saber qué podía pasar.

Sea cual sea la pérdida —puede ser la muerte de un ser querido, el final de una relación o un despido laboral—, el duelo es una etapa muy difícil y todos debemos atravesarlo para poder avanzar de manera sana. Unos duelos tardan semanas, otros meses, y hay algunas personas que no superan nunca la pérdida de su pareja, de su trabajo o la muerte de un ser querido. Todos manejamos el duelo de forma distinta. Yo me encerré y aferré a mi trabajo, y lo último que quise fue pensar en rehacer mi vida amorosa. Me concentré en salir adelante y estabilizarme emocional y económicamente, pues había dejado de trabajar para cuidar a Edgardo y me había quedado sola y desempleada.

Volver al amor

Cuando recién había cumplido 33 años, perdí a mi esposo por un cáncer cerebral. La llegada de los 33 siempre se relaciona con la edad en la que murió Cristo, y la realidad es que se considera un número sagrado por su simbología. El 33 simboliza el alto grado de consciencia espiritual por parte del ser humano y es un número sagrado para quienes tenemos una conexión especial con los ángeles y la divinidad.

Aunque sabía eso, nunca imaginé que ese número, que esa edad, fuera a cambiar mi vida de manera tan drástica. Me había casado en 2019, tras varios años de noviazgo, era mi segundo matrimonio, y yo tenía mucha ilusión porque iba a poder tomarme la vida con más calma. Había renunciado a 18 años de profesión como periodista de televisión y planeaba dedicarme a mi nuevo hogar, a mi nueva carrera como terapeuta espiritual, a una vida más tranquila en una ciudad nueva para mí: Nueva York. Uno siempre se casa con el anhelo de vivir feliz por siempre.

Pero las cosas no siempre ocurren como uno quiere, sino como Dios tiene planeado que sucedan. A los 16 meses de matrimonio, mi entonces esposo, Edgardo del Villar, falleció por un glioblastoma multiforme, un tumor letal que acaba con el cerebro sin que la ciencia haya encontrado aún una explicación para esta afección.

Su enfermedad transcurrió en plena pandemia, y estuvimos encerrados en la ciudad que fue epicentro del Covid en Estados Unidos, y donde además estábamos solos, sin familia. La de él vivía en México y la mía estaba encerrada en Colombia, después de que fuera declarada la cuarentena total y que nadie pudiera ni salir ni entrar al país. Esto hizo que me apegara muchísimo más a Edgardo, pues además de ser su esposa, era su cuidadora, su enfermera, su apoyo incondicional. Esto es normal en los casos de los pacientes terminales, en los que quien cuida a la persona se apega aún más a ella, también por miedo a que algo le ocurra si queda en manos de alguien más. La relación paciente-cuidador se hace mucho más intensa y entrañable a la vez.

Cuando Edgardo falleció, y pese a que yo sabía que eso era lo mejor para él, el vacío de no tenerlo fue enorme. Si bien los 16 meses de su enfermedad me ayudaron a prepararme para el último adiós, una cosa es creer que uno está preparado y otra es estarlo de verdad. El dolor que yo sentía era inconmensurable. Al día siguiente de su muerte, voltearme a buscarlo y no encontrarlo me hizo sentir una presión en el pecho que no tiene descripción, como si me hubieran arrancado algo.

Tras su muerte, como cualquier muerte, vinieron una serie de trámites y procesos que me mantuvieron ocupada. La cremación, los permisos para llevar sus cenizas a México —donde él quería que sus restos descansaran junto a los de su padre—, y desocupar su clóset, entre otros asuntos, me hicieron más llevadero el proceso. En toda esa etapa estuve acompañada por el amor de mis padres y de mi hermana, Andrea, que no me desampararon ni un solo instante.

Aunque era una mujer joven, sin hijos y ahora soltera, estar sola en una ciudad como Nueva York, y habiendo acabado de perder a mi esposo, era algo complicado. No me hallaba en ningún lugar. Además, tuve que mudarme de apartamento y de sector, y tratar de comenzar una vida desde cero, literalmente. Me enfoqué en mi trabajo, me encerré a construir a la Carolina Novoa que todos conocen hoy: una *health coach* y biosanadora que promueve un mensaje de esperanza de sanación a través de sus redes sociales. El proceso no fue fácil, pero todos los días bendigo haberme podido refugiar en el trabajo. Gracias a él pude salir adelante y rehacer mi vida.

Estuve en Nueva York durante 6 meses más, hasta que finalmente decidí regresar a Miami, la ciudad donde había pasado los últimos 7 años. El regreso a esa ciudad cambió mi vida; fui absolutamente feliz desde el día en que volví y me centré en decorar mi apartamento, en reencontrarme con amigos y en pasar feliz.

Llevaba 6 meses sin Edgardo y, aunque varios hombres comenzaban a pretenderme, yo sabía que no estaba preparada. Tuve citas con algunos de ellos, pero no avanzaron de la primera cena, pues sentía que ninguno daba la talla, y entonces entendí que estaba tratando de llenar un vacío y que eso no iba a traerme nada bueno. Entonces decidí centrarme en mi trabajo, en mis amistades, en viajar y compartir con mi familia; viajaba a Bogotá a estar temporadas con ellos, y así transcurrieron los dos años y medio antes de que llegara Eric a mi vida.

Antes de Eric sabía que mi corazón no estaba listo, por eso no quise ahondar en relaciones con ninguno de los hombres que conocí. No quería hacerme daño a mí ni hacérselo a ellos, y por eso decidí dejarlo en una linda amistad y no más. Pero cuando llegó Eric, todo cambió: se me iluminaban los ojos cada vez que recibía un mensaje, una llamada y sentía que todo el mundo se paralizaba. Creo que comencé a liberar dopamina de manera extrema desde entonces y mis endorfinas vivían alborotadas de felicidad.

Quisiera tener una bola de cristal y poder decirles cómo adivinar quién es la persona para uno, pero como es imposible, solo les puedo asegurar que apenas se cruza en el camino uno lo siente. Si bien mi corazón estaba vulnerable y lleno de miedo, fue increíble cómo, apenas comencé a salir con Eric, la angustia se me fue. Comencé a recordar mi pasado como un gran aprendizaje y dejé de sentir miedo.

Quienes me conocen saben que siempre he sufrido de migrañas[8] y, pese a que estoy controlada, sé que en quienes padecemos de esta condición los episodios pueden aparecer de forma

[8] Como lo cuento en mi libro coescrito con el Dr. Leonardo Bello, *Que tu vida no sea un dolor de cabeza*. Bogotá: Diana (Editorial Planeta Colombiana), 2023.

repentina, después de comer algo, si está haciendo calor o si se pasa por un episodio de estrés extremo. Les confieso que desde que comencé a salir con Eric, los cuadros de migraña disminuyeron de manera notable y cada vez son menos frecuentes. ¿Cuál es la explicación científica? No la sé, y creo que sería imposible cuantificarla o que una resonancia me dijera qué fue lo que el amor cambió en mi cerebro y mi cuerpo. Lo que sí tengo absolutamente claro es que el amor que él me profesó desde el primer día llegó para sanarnos a mí y a mi corazón roto; un corazón que estaba en duelo, que había sufrido una gran pérdida y que estaba vulnerable e incrédulo ante la posibilidad de volver a amar.

Por mi historia es que insisto y siempre insistiré: soy testigo a diario del poder que tiene el amor que todo lo cura, ese que nos hace traspasar fronteras para ver a otra persona, ese que nos acelera el ritmo cardiaco. Se los digo con toda certeza: mi vida cambió y se llenó de sentido y felicidad el día en que decidí volver al amor.

Cuánto dura el enamoramiento

¿Te ha pasado que un chico o una chica que te gusta te invita a salir y de inmediato se te cierra el apetito de la emoción? ¿O que estás comenzando una relación y ves la vida más linda? Así tu jefe te regañe, no te angustias; comienzas a tener mejores calificaciones, o incluso notas que los problemas se van de un momento a otro. Bueno, eso hace parte de la primera etapa del enamoramiento, en la que el cuerpo libera adrenalina a mil por hora, todo es novedad y los sentidos están más finos y alertas de lo que pueda suceder.

Cuando hablamos de enamoramiento, es importante tener claro que este es un estado no solo físico sino emocional, cerebral e incluso químico, en el que se da una producción elevada de algunos neurotransmisores, como la dopamina, que cuando se libera genera una sensación de euforia y felicidad. También interviene la noradrenalina, que se relaciona directamente con la respuesta fisiológica a través del sudor, la taquicardia, la ansiedad y la disminución del apetito, lo que te decía hace un momento. Y a largo plazo entran a jugar la oxitocina, la vasopresina y otros neuromoduladores vinculados al apego, a establecer vínculos estables y duraderos.

Si recibes un mensaje de la persona de la que te estás enamorando, seguramente si te miras a un espejo verás que tu pupila se dilata, sientes taquicardia y hasta el estómago se te encoge. Por eso, aunque el amor no se pueda medir, está más que comprobado que es energía y que su influencia en el cerebro es total.

Así lo demostraron investigadores del University College de Londres[9] al hacer resonancias magnéticas al cerebro de pacientes mientras pensaban en la persona que amaban. Lo que vieron era que al menos seis partes del cerebro de los participantes del estudio se activaban durante la prueba y que, además, siempre eran las mismas. Estas zonas cerebrales hacen parte de la materia gris del cerebro donde, según los expertos, se presentan los daños y alteraciones relacionadas con diferentes patologías, como el alzhéimer y el párkinson. Durante el estudio también se observó que cuando se les entregaba una foto del ser amado a los evaluados disminuía la actividad en zonas del cerebro relacionadas con la depresión.

Existen diferentes teorías sobre el enamoramiento y siempre me he interesado por preguntarles a psicólogos y psiquiatras qué

---

9 Zeki (2007).

es verdad, porque hay unas que dicen que dura 8 meses y otras que aseguran que son 3 años. Lo cierto es que me parece muy interesante saber si ese estado "mágico" puede durar por el resto de la vida o es temporal.

Pero antes de enfocarnos en los tiempos del enamoramiento que indica la ciencia, quiero mencionar otro estudio titulado "*The neural basis of romantic love*", publicado en la revista *NeuroReport.*[10] En él se reveló que cuando los participantes miraban el rostro de la persona de la que estaban enamorados, las áreas específicas del cerebro que se activaban eran las relacionadas con la recompensa, el deseo y la adicción; es decir, el incremento de dopamina que se produce en este estado nos hace sentir eufóricos y se combina con una reducción en la producción de serotonina. Este proceso químico se parece al que tienen las personas con trastorno obsesivo compulsivo cuando no son capaces de pensar en lo que les genera ansiedad; eso mismo sucede con el enamoramiento.

Como es imposible medir el amor a partir de números o cuantificarlo de algún modo, la ciencia ha hecho uso de la base biológica para observar las fases de cambio en las personas enamoradas y así determinar cuánto tiempo —en promedio— dura esta etapa. Se ha podido establecer que los cambios químicos en el cerebro de una persona enamorada usualmente duran un tiempo máximo de tres años. Después, nuestro cuerpo vuelve a funcionar con normalidad y pasa de la fase de la obsesión pasional a convertirse en un amor de compañía, a un apego más tranquilo.

Aclaro que esto es lo que dice la teoría, pero a partir de mi experiencia con tantas personas que han acudido a lo largo de los años a mis terapias de acompañamiento emocional, creo que

---

[10] Bartels y Zeki (2000).

el tiempo y el estado de enamoramiento dependen, realmente, de cada persona. Hay quienes tienen un amor con una cúspide fugaz y otros que permanecen en el estado del enamoramiento durante mucho tiempo. Si me preguntas, yo creo que esta situación depende no solo del proceso de conquista, sino de cómo la pareja desarrolla luego su día a día; el amor es como una planta: si no la riegas, es imposible que esta crezca y se mantenga linda.

Según la psicóloga española Gemma Adsuara, el enamoramiento va de la mano con el efecto de la feniletilamina, una sustancia química que se produce de forma natural en el cerebro y que no dura eternamente. Para Adsuara, la acción de esta sustancia neuroquímica dura un período de 18 meses a 4 años y luego el organismo se acostumbra y empieza a primar un segundo mecanismo liderado por las endorfinas, encargadas de generar sensaciones placenteras en el cerebro. Entonces, ¿qué pasa con aquellos que tras 15 años de matrimonio siguen completamente enamorados? ¿Qué varía entre unos y otros? Estoy segura de que, como dije antes, existe una relación entre el amor y el trabajo de sembrar y cultivar a diario una relación, para que esta no muera.

Ahora, hay algo que sigo tratando de descifrar. Hace poco una amiga me dijo: "La etapa más peligrosa, pero a la vez más linda, es la del enamoramiento, pues es cuando más mientes, porque quieres vender tu mejor imagen al otro. Si no me crees, revisa la palabra: enamora-miento". Eso me dejó pensando y creo que tiene razón hasta cierto punto. Es verdad que en esta etapa intentas mostrar lo mejor de ti a la otra persona, quieres que el otro se enamore de ti y quieres establecer un vínculo. Ahora, lo de mentir ya depende de cada quién y seguro habrá muchos que lo usan como herramienta. Yo, por mi parte, soy partidaria de mostrarme tal y como soy desde el principio, pues creo que es importante definir esos límites y trazar un camino desde el comienzo. Pero, ¿tú qué opinas? ¡Piénsalo! Te dejo la tarea.

Un amor de cuento de hadas

Quienes crecimos viendo las películas animadas de Disney y sus princesas soñamos siempre con encontrar al príncipe azul. Nuestras fantasías incluían carroza, hada madrina, animales cantores y el sueño de vivir felices para siempre en un palacio. Eso fue lo que nos vendieron, pero si analizamos las historias, la realidad es que encontrar al príncipe azul siempre era un proceso traumático.

Por ejemplo, Cenicienta tuvo que someterse a ser la hijastra maltratada en un hogar en el que la esposa de su padre y sus hermanastras la humillaban y la trataban como a una esclava, negándole la herencia que le había dejado su padre y los más mínimos derechos. Tuvo que invocar a un hada madrina, que convirtió una calabaza en carroza y a dos ratones en corceles, y además se tuvo que trepar sobre un par de tacones de cristal (eso no podía ser cómodo), todo además por un tiempo limitadísimo, pues a la medianoche se rompería el hechizo y todo regresaría a la normalidad.

En *La sirenita* una niña está dispuesta a sacrificar lo que sea con tal de ganar un par de piernas y alejarse de su vida y su familia en el mar. Su deseo de ser humana y vivir con Eric, el príncipe que salva después de que su barco se quemara en altamar, es tan grande que es capaz de entregarle su voz a Úrsula, la bruja del mar, con tal de recibir una poción que haga su sueño realidad. Está dispuesta a sacrificar su voz, su identidad, con tal de conquistar un amor imposible.

Y cosas similares ocurren en *La bella durmiente, La bella y la bestia, Aladdín* y demás. En todas aparece un amor idealizado que solo puede concretarse a partir de sacrificios (dormir durante 100 años), traumas (estar secuestrada por un ser monstruoso en una casa donde los objetos cantan y bailan) y engaños (un ladrón que se hace pasar por un príncipe), pero en ninguna se da una amor fluido y fácil. En estas películas vemos entonces el reflejo de algunos amores traumáticos que hemos vivido a lo largo de la vida, en los que nos hemos herido, traicionado y sacrificado, siempre con la justificación tácita de que así son los aprendizajes en la vida. Aclaro que no estoy diciendo que por culpa de las princesas nos hayamos sometido a amores traumáticos, a lo que me refiero es que a partir de ese ejemplo siempre buscamos patrones similares sin darnos cuenta.

Leí un artículo titulado "El amor en los tiempos de las Princesas de Disney".[11] de la Universidad de Buenos Aires, en donde los autores planteaban algo interesante. Para ellos, las princesas de Disney proponen estereotipos de lo que una mujer busca en un hombre, y estos se han ido modificando con el paso del tiempo.

Según el artículo, Disney proponía un arquetipo femenino elaborado a partir de la pregunta freudiana sobre qué quiere una mujer. Por eso, entre los años treinta y sesenta del siglo pasado, basaba sus historias en princesas que deseaban ser rescatadas por un príncipe, como en *La cenicienta, Blancanieves* y *La bella durmiente.* También en las producciones que se estrenaron entre 1950 y 1973 las princesas eran mujeres soñadoras dedicadas a las tareas del hogar, que esperaban la protección de un hombre.

Ya para los años noventa, aparece *La bella y la bestia,* que muestra a una mujer independiente que ama leer, y luego

---

[11] Beloso y Fullana (2019).

aparecieron *Mulán* y *Pocahontas*, princesas más guerreras y amantes de la naturaleza, centradas en algo más que esperar al príncipe encantado. Hoy en día vemos otro tipo de princesas, como Ana y Elsa, las hermanas de *Frozen*, que nos muestran que para salvarse no necesitan a un hombre y que están abiertas a la aventura.

Las princesas han evolucionado al mismo ritmo en que lo han hecho las generaciones. Antes se esperaba que las mujeres tuvieran apenas una educación básica, que por mucho terminaran el bachillerato, y luego se dedicaran a cuidar el hogar, los hijos y el esposo. Con el tiempo las mujeres hemos salido de la casa, estudiamos, tenemos carrera y podemos llevar una vida perfectamente feliz sin una pareja. No es que hayamos dejado de lado el amor, es que ya no es el centro de nuestras vidas. Sin duda, aún soñamos con encontrar una pareja, pero no queremos que nos gobierne o dirija la vida. Queremos alguien que nos complemente y nos acompañe por el camino que elegimos.

En busca del príncipe azul

Puede que hoy las cosas sean distintas, porque sin duda la educación y la crianza han cambiado, pero a mí, que nací antes del año 2000, me tocó como te voy a contar. En Colombia, el país en el que crecí, lo normal cuando pequeña era que las niñas jugaran con las niñas y los niños con los niños. Como desde chiquita me he llevado mejor con los hombres, entonces cuando me veían jugando con un niño los adultos siempre asumían que era mi novio. Eso no solo me pasaba a mí, era un tema generalizado. A mí me molestaba mucho, porque eran mis amigos y yo era una niña que a esa edad no entendía más que de relaciones de amistad. Pero lo que puedo analizar hoy, como la adulta que soy, es que sí querían meterle a uno en la cabeza la narrativa de que siempre se debe buscar tener un novio, una pareja, para que la vida se sienta completa. Y claro, también desde niñas jugábamos con muñecas y creábamos historias en las que la Barbie siempre está con su Ken; es decir, el anhelo por el príncipe azul que nos enseñaron en las películas de Disney está omnipresente en nuestra vida desde muy temprana edad. Entonces, uno creaba tramas en las que la muñeca buscaba al muñeco que la rescatara, para tener un final feliz.

En los juegos, no solo con muñecas, siempre replicamos la idea de buscar al príncipe azul, y pasa también cuando jugamos a la casita, a las mamás y los papás: siempre tenemos presente el concepto de que para lograr ser felices en un universo soñado debemos encontrar al marido perfecto. Llamamos príncipe azul a aquel hombre que cumple con las características de lo que creemos es la perfección: que nos atiende, nos conquista, nos llena de rosas, de chocolates y que viene en un carruaje. Pero en realidad ¿cuántos podrían cumplir con estos requisitos? O más bien ¿quién dijo que mi amiga busca en su príncipe azul las mismas características que yo? Es más, también hay mujeres que buscan princesas azules, obviamente. Como todo en la vida, es subjetivo.

Conocí a Olivia en 2015 a través de una amiga en Miami. La primera vez que la vi, nos encontramos en el ascensor del edificio donde vivíamos mi amiga y yo, pues éramos vecinas. Ella venía de tomar clase de *ballet*, lo cual me pareció muy femenino y tierno, dado que soy un poco más extrema y siempre me han gustado más los deportes fuertes, como el entrenamiento funcional, el *kick boxing* y los deportes de competencia. Así que cuando la conocí pensé que era una mujer muy femenina y delicada.

Olivia era colombiana y tenía 29 años en ese entonces. Una mujer muy linda, con ojos color aceituna y cabello rubio; recuerdo que llevaba fleco en la frente y se veía como una muñeca, tal cual. Cuando comenzamos a charlar tuvimos una conexión inmediata y se generó una confianza instantánea, al punto de que me contó que vivía con su novio y que la relación era difícil, pero que ella aun así seguía intentando continuarla. Nos hicimos grandes amigas y comenzamos a compartir mucho tiempo juntas. Vivíamos cerca y estábamos ambas sin familia en Miami, y eso lleva a que uno se apegue más rápido a las personas que siente afines. Me sorprendió desde el principio que ella siempre estaba feliz, era una persona muy positiva y nunca la veía de mal genio. Su familia estaba conformada por una mamá muy trabajadora y amorosa, y una hermana encantadora y menor que ella. Sin embargo, Olivia nunca me hablaba de su papá. Entendí desde el principio que era un tema vedado y no me atrevía a preguntarle sobre él, pues a pesar de ser periodista e interrogar a todo el mundo, aprendí a no preguntar cosas personales a quien no está listo para compartir su historia. Sin embargo, un día salimos a tomarnos algo y me contó que su padre había sufrido un problema cardiaco y falleció cuando ella tenía 6 años. Esta parte de su historia me la contó en voz muy baja, como si no quisiera que nadie oyera, cosa que me llevó a interpretar que este aún no era un tema superado.

Olivia había tenido que salir de Colombia por temas de seguridad. Su madre era una mujer muy trabajadora, la típica colombiana emprendedora y matriarcal. Había quedado viuda con dos niñas y debió irse a Estados Unidos a comenzar una nueva vida. Allí crecieron sus hijas y ella trabajó para pagarles los estudios y darles la mejor vida posible.

Llegar a Estados Unidos, para cualquier latinoamericano, no es fácil. Además de la barrera del idioma, en nuestros países solemos estar acostumbrados a tener personas que nos hagan la limpieza de la casa, a que nos manejen el auto y a tener una extensa red familiar muy cerca. Al llegar a Estados Unidos todo eso cambia. Además, te enfrentas a una diversidad cultural inmensa, a la que los colombianos no estamos acostumbrados, gracias a la cual en tu mismo edificio pueden vivir norteamericanos, musulmanes, indios, chinos y mexicanos. Dependiendo a dónde llegues será más fácil encontrar comunidades latinas.

Olivia había llegado a Boston, en el estado de Massachusetts, que es una ciudad ubicaba al norte de Nueva York, para darte una referencia. Es una ciudad preciosa, pero por su ubicación tiene unos inviernos muy duros y fríos. Y esa es la misma frialdad con la que la gente lo recibe a uno. No sé si has tenido la oportunidad de vivir en países o ciudades con invierno, donde el frío es tanto que la gente prefiere no salir de sus casas y, cuando salen, siempre parecen estar de mal genio. A mí me pasó en 2017, cuando comencé mi transición de mudanza a Nueva York. Recuerdo cómo me impactaba ver a la gente de mal genio cada vez que me encontraba con alguien en el ascensor. Yo venía de Miami, que es una ciudad tropical y donde todo es una fiesta; al llegar a Nueva York noté que, dependiendo del clima, la gente estaba feliz, amargada o rabiosa. En fin, volviendo a la historia de Olivia, esto mismo le sucedió a ella. Y además llegó a un colegio nuevo, donde no conocía a nadie y había mucho *bullying*, drogas y un ambiente muy distinto del que estaba acostumbrada en su colegio en Colombia.

Olivia fue perfeccionando poco a poco su inglés y ajustándose al ambiente y a sus compañeros; aunque en muchas ocasiones se sentía como en una película gringa sobre adolescentes, pues según me contaba se armaban bandos de gente popular y gente rechazada, como en esas historias. Todo era nuevo para ella. Además, ella y su hermana estaban solas y sin más familia que su mamá, quien de inmediato comenzó a trabajar y a buscar la manera de sobrevivir en un nuevo país.

Durante los años de colegio ella tuvo uno que otro novio. En particular quedó marcada por una relación con un chico centroamericano que la agredió en más de una oportunidad, pero que por fortuna pudo cortar.

Terminada la secundaria, decidió estudiar Relaciones Internacionales, carrera de la que se graduó para luego entrar al mundo de las finanzas. Comenzó su carrera como cajera en un prestigioso banco y poco a poco fue ascendiendo a diferentes cargos, hasta que decidió mudarse a Miami, donde vive aún.

Después de una experiencia como la de Olivia, llegar a una ciudad como Miami podía parecer idílico para cualquiera. Por ejemplo, yo llegué a la ciudad en 2013 y me fue muy bien. Me adapté de inmediato y, además, como pude engancharme laboralmente con rapidez, primero en W Radio y luego en Telemundo, me acoplé con más facilidad al ambiente. Pero eso no es lo que le pasa a todo el mundo. Olivia llegó a Miami a estudiar la maestría, sin conocer a nadie, y muy pronto se enamoró perdidamente de Juan Camilo, un colombiano. Se refugió en él y en la relación durante los primeros años. Aprendió a lavarle la ropa, a planchársela, a hacerle lonchera todos los días, cosas que quizás otras mujeres jóvenes de su edad no hacían, pues estaban centradas en sus estudios y en trabajar para salir adelante. No voy a juzgar si era bueno o malo que ella se volcara a atender las necesidades de su novio. Lo cierto es que, años después, al analizarlo juntas, llegamos a la conclusión de que la soledad puede llevar a apegarnos de manera ansiosa a una persona, al punto de llevarnos a olvidar nuestras necesidades, con tal de atender y complacer al otro.

Olivia pasaba los días entre el banco, la casa de Juan Camilo, los amigos de él y todo lo que lo rodeaba. Pero ella, enamorada, no era consciente de que vivía solo en función de él, pues su único deseo era pasar tiempo juntos.

La relación con Juan Camilo terminó después de un par de años y ella quedó destrozada. En su cabeza él cumplía a cabalidad con todo lo que ella asociaba al hombre ideal y por eso se había dedicado a demostrarle que podía ser una ama de casa excepcional. Ella se sentía una princesa que había encontrado a su príncipe azul, entonces el fin de la relación la agarró fuera de base.

Después, Olivia conoció a Francisco, un mexicano que era muy distinto a Juan Camilo, y cuando yo la conocí, estaba con él. Pero, como era tan positiva y delicada, nunca me contó lo que realmente enfrentaba en esa relación.

Ella siempre ha estado muy pendiente de su aspecto y, a mis ojos, se ve como una princesa. Siempre está divina y sus modales son perfectos. Por eso ella siempre estaba tan enfocada en encontrar una pareja que encajara en esa imagen de película que ella proyectaba. El caso es que Francisco no era su príncipe azul. Aunque en un principio se había mostrado como un hombre con dinero, exitoso y protector, poco a poco ella fue develando la fachada y dándose cuenta de que su negocio era un fracaso, él estaba hundido en deudas y sus conductas no eran las de un perfecto caballero. Así que decidió salir de esa relación y seguir buscando su final de cuento de hadas.

Encontrar pareja en Estados Unidos no es tan fácil como lo cuentan las comedias románticas. Hay mucha diversidad cultural y la sociedad está muy volcada a trabajar y salir adelante. Además, mucha gente le tiene miedo al compromiso. Es lo que yo también pude percibir en los momentos en que he estado soltera.

Desde su ruptura con Francisco, Olivia tuvo muchísimos pretendientes. Al ser una mujer tan guapa, eso jamás me sorprendió. Por el contrario, sí me asombraba que siempre quedara prendada de los hombres que no la determinaban, que no eran estables emocionalmente o que venían de entornos muy diferentes al de ella.

Recuerdo un día que otro mexicano fue a verla desde Ciudad de México hasta Miami, y ella lo rechazó después de salir con él. Era un hombre noble, guapísimo, elegante, estable emocional y financieramente, que quería una relación con ella, y ella lo rechazó por un muchacho de su misma edad que nunca quiso formalizar ningún tipo de relación.

Si te fijas en tu historia o en la de alguna persona cercana, te darás cuenta de que casos así se repiten todo el tiempo. De personas que se enganchan con quienes los rechazan. Yo no creo que a los seres humanos nos guste sufrir y que por eso elijamos a quien nos hace daño por sobre quien es bondadoso y nos quiere enaltecer. Hay razones para que nos guste ir por lo difícil y suelen estar en nuestras experiencias de vida.

El de Olivia es un caso muy común y quizás te identifiques con su historia. Como te conté al comienzo, Olivia había perdido a su papá a muy corta edad, por lo que nunca tuvo un ejemplo masculino parental en su familia. Eso la llevó, por un lado a desconocer lo que significa tener un padre, y por el otro a idealizar a los hombres, a pesar de que lo que tuviera en frente estuviera lejos de ser ideal. Para quienes hemos tenido la fortuna de crecer en familias funcionales con papás ejemplares, nuestro padre es nuestro héroe y el ejemplo de hombre al que aspiramos. Pero mi amiga no tuvo eso. Además, por ejemplo, la relación con Juan Camilo demostraba un apego muy ansioso: ella estaba dispuesta a hacer lo que fuera con tal de recibir el amor de él. Como me dijo una vez un maestro espiritual con quien hice terapia de *thetahealing:* "Cuando hay carencia de amor en la infancia por parte de alguno de los padres, crecerás buscando la aceptación y el amor a como dé lugar".

Ella, sin mucha conciencia y desde muy joven, atendía a su novio y hacia labores que no le correspondían y que él tampoco le había pedido, con tal de que no la abandonara y se sintiera complacido por ella. Pero ¿en realidad era necesario que ella dejara de salir con sus amigas y se aislara para atenderlo a él? Esa pregunta amerita una reflexión, porque muchas veces somos complacientes con el otro, no por hacerlo feliz, sino por miedo a ser rechazados o abandonados.

Pasaron varios años en los que muchos hombres seguían invitando a Olivia a salir, pero ninguno parecía encajar con ella, hasta que llegó Pedro, un chileno que le robó el corazón, pero que no la trataba nada bien. Era machista y le controlaba hasta la vestimenta. Le pedía foto de la ropa que iba a usar antes de salir a la oficina, y cuando estábamos entre amigas la obligaba a marcarle por videollamada para asegurarse de que en efecto estábamos juntas. Pedro era inseguro y tenía miedo de ser traicionado por situaciones que había vivido en su hogar y que llevaron al divorcio de sus padres. Olivia intentó a toda costa enamorarlo y llevar una relación linda con él; sin embargo, los malentendidos entre ambos escalaban al punto de que la relación era muy inestable y las peleas los llevaban cada rato a terminar y reconciliarse. Y aunque el sueño de Olivia era casarse y formar una familia, él nunca se mostró dispuesto a nada de eso, pues ya tenía un hijo y no quería más.

Cuando por fin terminaron del todo, ella lloró por meses y se aisló. Le costó mucho trabajo superar esa relación y olvidar a Pedro, pues se sentía vacía sin él. Estaba empeñada en construir un hogar y tener hijos; quería príncipe, castillo, carroza y beca.

En una cita de control al ginecólogo, después de unos exámenes, le dijeron que su reserva de óvulos no era óptima y que quedar en embarazo sería difícil. Esto, de plan, le dañaba una buena parte de la película perfecta que ella quería vivir. Lo que no tenía cómo saber era que su príncipe azul sí estaba a la vuelta de la esquina.

Había salido de un concierto con un pretendiente y decidieron continuar la fiesta en un restaurante muy cotizado de Miami. En la barra del bar conoció a unos hombres con los que habló, y uno de ellos, después de decirle que trabajaba en una empresa de tecnología, le dio su tarjeta. Ella no estaba interesada en buscar con quien salir, pero unos días más tarde decidió contactar al hombre que le había dado la tarjeta para que la asesorara en un *software* para su oficina. Así comenzó la historia de amor con quien hoy es su marido.

Arturo, hijo único y de padres amorosos, decidió proponerle matrimonio al poco tiempo de conocerla, pues había quedado enamorado de ella desde el primer momento. Parecía que por fin se cumplía su cuento de hadas, la princesa había encontrado a su príncipe. Sin embargo, esas historias de las películas suelen terminar cuando la vida apenas comienza, llegan hasta el momento de la boda, pero no muestran cómo es la convivencia dentro del castillo. Fue entonces que comenzaron a salir a flote de nuevo las carencias de Olivia, sus vacíos de infancia. Le costó mucho trabajo y lágrimas adaptarse a convivir con un hombre, aprender a compartir, ser tolerante y escuchar al otro. Y aunque ella sintió que su castillo soñado se le desmoronaba por cuenta de esas tensiones, tuvo que entender que Arturo no solo era su príncipe azul, sino una persona real, y que el camino del amor también pasa por engranar, trabajar en la relación y compartir de manera sana para acoplarse como pareja.

Tras 10 meses de relación, se casaron en la boda más divina a la que he asistido. Olivia vestía como princesa de cuento, hasta llevaba corona, y Arturo parecía un príncipe de película. Ella hoy es consciente de que para encontrar a su príncipe tuvo que besar muchos sapos, pero que el amor también es una construcción diaria, porque nadie vendrá a salvarla, ni a llenar sus vacíos emocionales ni a sanar los dolores del pasado. Lo cierto es que mientras escribo esto, Olivia está esperando su primera hija y está convencida de que eligió a un gran hombre para que juntos la críen y la eduquen de la forma más íntegra. Sabe que su hija no sufrirá el abandono que a ella le tocó.

Me enamoré y mejoré

Sin importar la religión que practiques o las creencias que tengas, estoy segura de que sabes que el amor es una fuerza universal muy poderosa. Su poder es tan grande que soy capaz de asegurar que las relaciones y los vínculos afectivos que se establecen gracias a él son los que han llevado a la evolución de nuestra especie.

Si bien ya hablamos un poco sobre los efectos que tiene el amor en nuestro corazón, cuerpo y mente, no sobra retomar las transformaciones fisiológicas que genera y que nos benefician en muchos aspectos. Por ejemplo, cuando estamos enamorados liberamos endorfinas, oxitocina, dopamina y todos esos neurotransmisores que son antidepresivos naturales. Además, se reducen los niveles de cortisol y los efectos del estrés crónico en nuestro cuerpo. Mejora la función cardiaca, nos complicamos menos a la hora de analizar las situaciones, las dificultades se difuminan y comenzamos a ver la vida de otro color. Lo mismo ocurre con la seguridad o autoestima personal gracias a la liberación de feniletilamina, un aminoácido esencial que actúa como neurotransmisor y pertenece a la clase de anfetaminas que estimulan el sistema nervioso y son responsables de generar sensaciones de placer. Algunos alimentos la contienen, como el chocolate, y por eso cuando lo consumes te sientes feliz y tienes una oleada de placer. Otros alimentos que la contienen son el plátano, las lentejas, las almendras y las nueces.

La relación entre la feniletilamina y el amor se remonta a la teoría de los psiquiatras Donald F. Klein y Michael R. Liebowitz, del Instituto Psiquiátrico del estado de Nueva York.[12] Ambos aseguraban que la producción de la feniletilamina en el cerebro puede desencadenarse a partir de cosas tan sencillas como un intercambio de miradas, un roce entre dos personas o cualquier tipo de contacto. Según ellos, cuando esto ocurre, la persona responde con sensaciones y modificaciones fisiológicas que conducen a la falta de apetito, a sentir una felicidad extrema y una serie de emociones parecidas a cuando se consume algún tipo de droga. De ahí que muchos se atrevan a llamar al amor la mejor droga para sanarse.

Quiero hacer más dinámica esta explicación, entonces te voy a pedir que pienses en una fiesta. Cuando nos enamoramos, nuestro cerebro y sus sustancias entran en el baile; la feniletilamina, la dopamina y la serotonina —responsable del bienestar y también del apetito— llevan a cabo una esplendorosa coreografía y hacen que nosotros permanezcamos en una nube de felicidad, en la que la vida entera parece maravillosa. Cuando ya comienza a terminar la celebración, aparecen otros neurotransmisores como la vasopresina y la oxitocina, responsables de asegurarse de que el baile continue una vez termine la fiesta y que se pueda mantener el ritmo a largo plazo. Así funciona el amor, como el baile: no nace de la nada, necesita una coreografía, unos pasos y todo un equipo logístico tras bambalinas que

[12] Ruiz (2019).

se encarga de que todo funcione en equilibrio y armonía. Lo que dure el baile ya depende de los bailarines. Los organizadores, en este caso los neurotransmisores, son los encargados de comenzar la fiesta, y nosotros, los bailarines, somos los encargados de que esta dure unas horas, unos meses o toda la vida.

Te quiero compartir un estudio titulado "*Marital stress worsens prognosis in women with coronary heart disease*",[13] para entender un poco más sobre el poder que tiene el amor en nuestra salud. La investigación estudió a 292 mujeres de entre 30 y 65 años, y sus matrimonios; para sorpresa de los investigadores, se demostró que las mujeres con una vida marital complicada tenían un riesgo tres veces mayor de sufrir ataques cardiacos que aquellas que llevaban una vida en pareja tranquila y feliz. Según el estudio, el estrés y la falta de tranquilidad resultó en una progresión de la arteriosclerosis coronaria, lo que favorece la aparición de complicaciones cardiacas. Los resultados arrojaron que entre las mujeres casadas o que vivían en pareja, y cuyo matrimonio no estaba en buenos términos, había un riesgo 2.9 veces mayor de que se presentaran eventos cardiacos recurrentes, en comparación con otras mujeres que, a pesar de llevar un estrés laboral alto, sus resultados no predijeron de forma significativa ningún episodio coronario recurrente. Es decir, el estrés laboral, a pesar de ser un riesgo para la salud general, no tiene el mismo impacto sobre el buen funcionamiento del corazón como sí lo tiene un matrimonio tóxico.

El amor y las emociones positivas en la salud

Al hablar de salud siempre nos viene primero a la mente el cuerpo físico, es decir, pensamos en un corazón, un pulmón,

[13] Orth-Gomér *et al.* (2000).

el estómago, una pierna, un brazo o cualquier otro órgano. Pero como te conté en mi primer libro, *El cuerpo grita lo que las emociones callan*,[14] los seres humanos somos entidades físicas, emocionales y espirituales. Entonces, lo que nos mueve el corazón va más allá de la sangre que bombea y hay una serie de emociones que nos hacen vibrar a diario, como la felicidad, la tristeza, el miedo, la angustia y el amor, entre muchas otras.

Leí una teoría muy interesante sobre las emociones positivas, de la profesora estadounidense Barbara Fredrickson del Departamento de Psicología de la Universidad de Carolina del Norte en Chapel Hill, que quiero compartir contigo. Ella afirma que las emociones positivas son las responsables de abrir nuestra mente y construir los recursos que funcionan como alimento para las relaciones personales, pues permiten la conexión entre dos personas y ayudan a establecer acuerdos, alejarnos de la soledad y unirnos como humanos.

En una de las investigaciones en las que participó, titulada "*How positive emotions build physical health: Perceived positive social connections account for the upward spiral between positive emotions and vagal tone*",[15] la doctora Fredrickson junto a otros autores encontró que las personas con mayor tono vagal[16] tienden a tener mejores habilidades sociales, mejor manejo

---

[14] Novoa, C. (2022).

[15] Kok *et al.* (2023).

[16] "El tono vagal es un término utilizado a menudo para indicar el equilibrio entre la actividad simpática y parasimpática (vagal) en relación con el corazón, y se evalúa midiendo la capacidad del corazón para responder adecuadamente a situaciones que exigen un aumento o disminución del gasto cardiaco y, por lo tanto, una frecuencia cardiaca más rápida o más lenta (variabilidad de la frecuencia cardiaca)". Explicación de *Psychology Today* en https://www.psychologytoday.com/co/fundamentos/nervio-vago#:~:text=El%20tono%20vagal%20es%20un,por%20lo%20tanto%2C%20una%20frecuencia

de sus emociones y mejor sistema inmune. La investigación la hicieron a través de meditaciones basadas en el amor y encontraron que quienes meditan a través del amor elevan sus vibraciones y sus relaciones interpersonales, y estas, en consecuencia, son más fructíferas y duraderas que las de quienes no lo hacen. Seguro te preguntaras qué tiene que ver esto con el amor: las emociones positivas están ligadas con los pensamientos basados en el amor, el positivismo, la gratitud y la entrega entre humanos.

Visto desde otra disciplina, a esta teoría se suma el concepto de la bioneuroemoción. El creador del método de la bioneuroemoción® y fundador del Enric Corbera Institute, Enric Corbera,[17] asegura que, a nivel de emociones, el amor es una herramienta fundamental para cambiar el mundo y para que cada persona pueda trascender su ego y comprender al otro sin juzgarlo. Lo que él explica es que amar al otro es amarnos a nosotros mismos con el fin de crear relaciones significativas y conexiones emocionales profundas que resultan en evolución y crecimiento. Si lo analizas, después de lo que hemos hablado a lo largo del libro, estos crecimiento y evolución están absolutamente relacionados con nuestra salud. Si estamos en relaciones tóxicas y discordantes, esto se verá reflejado en nuestro cuerpo y nos enfermaremos, nos dolerá la cabeza, nuestro sistema gastrointestinal podrá resultar afectado y, como hemos visto, incluso puede aparecer una enfermedad cardiaca. Por el contrario, si estamos inmersos en relaciones amorosas, respetuosas y funcionales, será mucho más factible que nuestro cuerpo se encuentre en armonía y bienestar.

---

[17] Corbera (2023).

Mi novio me enferma

Michelle llegó a mi terapia luego de que su novio, Cristian, me contactara por mensaje directo de Instagram. Él me seguía hacía varios meses y me pidió que por favor atendiera a su novia lo más pronto que pudiera, porque la veía cada día más débil y sin ganas de hacer nada.

Apenas vi a Michelle por la pantalla de Zoom, la noté pálida y con ojeras. Me contó que era la primera vez que hacía cualquier tipo de terapia y que eso la ponía nerviosa, pues no entendía bien cómo funcionaba. No se quejó de nada durante la sesión, pero también percibí que estaba allí por darle gusto a su novio, no porque ella tuviera un interés real en mi ayuda.

Cuando tengo la primera sesión de terapia con una persona que no conozco, empiezo preguntándole cosas básicas como su fecha de nacimiento, a qué se dedica, si es casada o tiene hijos, en fin, datos que me ayuden a comprender qué tipo de persona es, que me den luces de qué puedo esperar y cómo podría ayudarla.

Michelle tenía 26 años, no tenía hijos y trabajaba para una multinacional en el área de *marketing*. Le encantaba su trabajo y tenía la esperanza de que pronto la ascendieran para poder salir de Colombia a irse a vivir en el exterior. Había conocido a Cristian allí, pues él trabajaba en otra empresa a la que su compañía le vendía productos. Desde la primera vez que lo vio quedó encantada con su caballerosidad y con lo guapo que era. Comenzaron a salir y se ennoviaron a los pocos meses, luego fueron a casa de sus padres en Manizales y todos quedaron encantados con él.

Cristian era 9 años mayor que ella, divorciado y con dos hijos de su primer matrimonio. La custodia era compartida, entonces él respondía por los gastos asignados tras el divorcio, pasaba el fin de semana con ellos cada quince días y llevaba una relación cordial con la mamá de los niños. Michelle tenía claro que no quería ser madre, así que la paternidad de Cristian no era un problema para ella; al contrario, la tranquilizaba porque sabía que no la presionaría a tener hijos.

Pero la tranquilidad no duró demasiado tiempo. Después del primer año de relación, el hijo mayor de Cristian se lesionó jugando futbol y él comenzó a llevarlo a las fisioterapias, que eran casi diarias. Eso redujo el tiempo que pasaba con Michelle, pues solían verse después del trabajo y a esa misma hora eran las sesiones de fisioterapia. Luego la mamá de los niños se quedó sin trabajo y Cristian comenzó a apoyarla económicamente, para que a sus hijos no les faltara nada.

Michelle nunca quiso mostrarse impositiva con su novio, ni decirle que no estaba de acuerdo con que le pasara dinero a su expareja, pues comprendía que los niños estaban de por medio. Además, su mamá le había enseñado que si se metía con un hombre con hijos debía apoyarlo hasta el final, y eso hizo, se quedó callada hasta que comenzó a sentir unos dolores muy fuertes en la espalda baja. En un comienzo pensó que se debían a una mala postura en la silla del computador y luego que quizás estaban relacionados con el colchón de la cama. El dolor la tenía desesperada y fue a un quiropráctico, pero fue peor, pues un día amaneció tiesa y la tuvieron que llevar a Urgencias.

Había acudido al ortopedista, al quiropráctico, al fisioterapeuta, pero su dolor no mejoraba. Se sentía cada día más cansada, hasta que un día su jefe le dijo que creía que ese cansancio debía estar relacionado a una mala alimentación o una baja de hierro, y que era necesario que fuera al médico. En efecto, Michelle tenía anemia y tuvo que cambiar su dieta de manera radical, aumentar el consumo de legumbres y suplementarse con hierro. Con el tratamiento y la dieta, el cansancio desapareció, pero aun así seguía ojerosa y con dolor de espalda. Ningún médico era capaz de darle respuesta a lo que le estaba sucediendo y tuvo que suspender el ejercicio, que era lo que más disfrutaba. Cristian, desesperado, había visto una publicación mía en Instagram en la que explicaba que el dolor de espalda estaba relacionado con las cargas emocionales. Yo ponía énfasis en que el dolor en la espalda baja hacía referencia a problemas de liquidez y angustias económicas. Lo que él no entendía, porque ella tenía un buen sueldo, era qué podía estar generándole el dolor a Michelle.

Cuando durante la primera consulta le pregunté por su relación amorosa, ella me dijo que Cristian era el hombre perfecto, pero que no podía estar tranquila con las responsabilidades que él estaba asumiendo con sus hijos y su exesposa. Literalmente me dijo: "No entiendo, si es tan buen hombre, por qué siento que él me está enfermando. Es irónico".

Comenzamos a indagar en su relación y tras hablarme solo maravillas de Cristian le pregunté: "Michelle, comprendo que todo al lado de Cristian es maravilloso, pero respóndeme lo siguiente: ¿Qué es lo peor de estar con él?". Para mi sorpresa su respuesta fue tajante: "Sus hijos y su familia. No los soporto. Por culpa de ellos ya no me da regalos y cada vez me invita menos a salir y a cenar, como si fuera mi culpa que tenga que responder económicamente por ellos". Quedé en *shock*. Ahí estaba la explicación del dolor de espalda de Michelle. Su dolor había comenzado y se había agudizado conforme Cristian tenía que responder cada vez más por las terapias de su hijo y por el desempleo de la mamá de sus niños. Al revisar, descubrimos que el dolor de espalda baja le había comenzado el día en que Cristian recibió la llamada del colegio de su hijo para avisarle que se había lesionado y que tenía que ir por él para llevarlo al médico.

El dolor se agudizó el día en que Cristian le dijo que debían cancelar las vacaciones a Cartagena que habían planeado, porque estaba apretado de dinero. Su espalda se puso aún peor el día en que lo escuchó hablando con su exesposa y diciéndole que no se preocupara por nada, pues mientras ella conseguía trabajo, él la apoyaría económicamente.

Para la biodescodificación emocional, la espalda representa nuestro sistema de apoyo. El lugar donde se manifiesta el dolor nos ayuda a explorar mejor qué lo está causando. Cuando hablamos de un dolor en la zona lumbar o en la parte baja de la espalda, casi siempre está relacionado con la falta de apoyo económico y con una creencia asociada a la carencia. En el caso de Michelle, si bien tenía un buen sueldo y podía velar por sí misma, se sentía impotente al ver que Cristian tuviera que pasar gran parte de su sueldo a sus hijos y a su exesposa, y que esto estuviera afectando su relación de pareja. Esa era la rabia y la angustia que ella sentía. Por más que Cristian fuera amoroso y caballeroso con ella, su resentimiento se remitía al hecho de que no estaba de acuerdo con que a sus 26 años tuviera que dejar de viajar, de salir a restaurantes y de vivir una vida abundante, porque su pareja debía cobijar a una exesposa y pagarle más de lo que ya les pagaba a sus hijos. No voy a juzgar si la actitud de ella era correcta o madura, pues mi trabajo como terapeuta es ayudarla a sanar su dolor, que era real.

Como Michelle, muchas personas somatizan sus cargas emocionales en la espalda y por más que vayan al especialista, que les den una pastilla o que comiencen fisioterapia, el dolor continúa, pues no han lidiado con eso que llevan a cuestas. Por eso es tan importante identificarlas a tiempo, pues de la única manera que pueden aliviarse es aceptando y tomando decisiones a tiempo.

Te veo muy guapo/a desde que te enamoraste

No sé si te ha pasado que cuando estás enamorado te dicen que te ven radiante y más bello. Una de las explicaciones para esto es que cuando alguien nos gusta, aumentan los niveles de estrógenos y entonces nuestra piel, cabello y uñas se ponen mucho más lindas. Otro efecto importante que tiene el amor a nivel físico es la liberación de melatonina, una hormona importantísima a la hora de dormir de forma reparadora pero también de prevenir el envejecimiento prematuro. Además, el aumento de norepinefrina, encargada de nuestro estado de ánimo, nos hace mucho más sensibles ante los demás y por lo tanto nos sentimos tranquilos, sin estrés, nuestro ritmo cardiaco funciona a la perfección y solo irradiamos paz y felicidad. Y ni se diga si hablamos de la autoestima y del amor propio. Cuando estamos enamorados o saliendo con alguien que nos gusta mucho, cuando nos sentimos cobijados por una pareja, nuestras preocupaciones merman y sentimos un apoyo incondicional. Comenzamos a sentirnos respaldados de manera inconsciente por la persona que amamos, pues entendemos que ya no estamos solos y que en caso de que algo suceda tenemos un soporte.

Conocí a Mariana cuando ella trabajaba como productora del noticiero que yo presentaba en Telemundo en las madrugadas. Como presentadora, mi horario de ingreso era a las 3 de la mañana, pero los productores debían llegar al canal a la medianoche y tener todo preparado para cuando llegáramos nosotros, es decir, alistar el libreto y tener todo listo en caso de que hubiera una noticia de última hora. Te podrás imaginar cómo andábamos todos vestidos a esas horas de la madrugada, prácticamente en piyama. Muchos usábamos *crocs*, pantalones anchos y ropa muy cómoda. Nadie usaba maquillaje, a menos de que tuviera que aparecer ante la cámara, porque ahí sí nos dejaban como pastel de cumpleaños. El punto es que el personal detrás de las cámaras se veía muy relajado y las mujeres muy poco arregladas. Al fin y al cabo íbamos a trabajar, no a modelar.

Mariana era una gran trabajadora, pero siempre estaba de mal humor. Yo pensaba que era porque el horario le dañaba el genio y me parecía normal, pues levantarse a las 11 de la noche para ir a trabajar a medianoche era inhumano, un horario de búho. Me da terror solo recordarlo. Incluso llegué a pensar que su mal genio se debía a que era chilena, cosa tremendamente prejuiciosa de mi parte, pero la realidad es que siempre he sentido que las personas de Chile suelen ser un poco más frías y calladas que los demás latinos, en especial los de países caribeños. Miles de hipótesis me venían a la cabeza, menos el hecho de pensar que sufría maltrato por parte de su pareja. Fue solo hasta un día en que tuvimos que salir a grabar una historia por fuera del canal, que me contó que era madre de un niño de 4 años y que el padre del niño los violentaba a ambos. Le pregunté, con prudencia, por qué no lo había denunciado ante las autoridades y me dijo que tenía mucho miedo de perder el apoyo económico, y que realmente prefería que el niño creciera con una figura paterna y no como ella, que había perdido a su padre cuando era pequeña. Desde ese día comenzamos a acercarnos y nos volvimos buenas amigas. La situación en su casa escalaba y yo la veía cada día más pálida, más delgada y sin apetito. Además, había decidido dejar las carnes y la proteína animal, porque, por su manera de pensar, no se sentía cómoda consumiéndolas, así que perdió la masa muscular y yo notaba que se le venía mucho la sangre por la nariz. Para ese entonces mis conocimientos en medicina y nutrición eran nulos, yo solo sabía de periodismo y mi especialidad eran las leyes.

Pasaron varios meses hasta que, por fin, un día me contó que su esposo había conocido a una mujer de origen ucraniano y que le había anunciado que se iba de la casa a vivir con ella. Mariana, en medio de su apego y codependencia, que la llevaban a tener mucho miedo de perderlo, le pidió que no los abandonara, pero él, además de agredirla de nuevo, se fue definitivamente. Pasaron unos 6 o 7 meses después de eso, tiempo en que los pocos que conocíamos su situación intentamos sacarla para que conociera gente nueva, pero ella no accedía, estaba dedicada a su hijo. Sin embargo, un tiempo después, de la nada, Mariana comenzó a llegar al trabajo muy arreglada y hermosa, iba en tacones a pesar de las madrugadas, con su cara maquillada, como una muñeca, y con una ropa preciosa. De lo que no me había percatado es que para esos días estábamos estrenando productor, un chico muy guapo, español, que estaba recién llegado al canal. Pues resulta que a Mariana le había gustado el español y estaba arreglándose con tal de llamar su atención, y no voy a mentir, a él no le era indiferente. Yo los veía en la coquetería, pero nunca me atreví a decirle nada a Mariana y esperé a que ella me contara cuando se sintiera en confianza para hacerlo. Unas semanas más tarde me dijo que había comenzado una relación con el productor y se sentía en las nubes y muy enamorada, pues él la consentía mucho y la trataba como a una reina. Poco a poco comenzó a ganar peso, desaparecieron sus ojeras y dejó de estar pálida. Se frenaron las hemorragias por la nariz y cada día estaba más vital y hermosa. Todos tratábamos de incentivarla y le decíamos que estaba bellísima, y ella, en medio de su humildad, se sonrojaba. Pronto Mariana pasó de ser productora a convertirse en “talento” (así se les llama a las personas que están frente a las cámaras o a los micrófonos en radio y televisión); su jefa la vio tan bonita y tan transformada que le dio la oportunidad de convertirse en una de las reporteras del canal. Al poco tiempo, renunció y se fue a otro canal donde siguió ejerciendo de talento y luego se mudó a Europa con el español. Hoy tienen una hermosa familia que cuenta con una hija más.

El caso de Mariana es uno de los miles que nos demuestran el poder curativo que tiene el amor: pasó de ser una mujer maltratada a convertirse en una mujer amada. Además, pudo dar el paso profesional que siempre soñó, ser una reportera de televisión.

También quiero dejar claro, de una vez por todas, que en las relaciones en las que hay violencia NO hay amor. Hay apego, hay codependencia, hay trauma, hay dolor, pero el amor y la agresión no pueden coexistir. Eso no tiene discusión.

El amor contra la depresión

Siento que el término "depresión" no siempre lo utilizamos bien y por eso aún nos resulta confuso. Lo digo porque muchas veces oímos personas que cuando están tristes dicen: "Tengo depresión" o "amanecí deprimido". Pero en realidad, si vamos al significado médico, la depresión es una enfermedad que se caracteriza por una tristeza profunda y persistente a causa de la cual la persona tiene una pérdida de interés por las actividades del día a día y, además, no es capaz de llevarlas a cabo.

Si bien la definición de depresión es clara, ¿cómo logra uno diferenciar cuándo estamos deprimidos o cuando es solo tristeza? Aseguran los psicólogos que, aunque la tristeza y la depresión están vinculadas, no son lo mismo, pues la tristeza es una emoción que todos experimentamos, pero la depresión es un trastorno mental mucho más serio. Según la Asociación Americana de Ansiedad y Depresión,[18] una persona puede estar triste

---

[18] Fitzgerald (2021).

si falla en un examen, pierde a una pareja o en general cuando se le presenta un momento difícil en la vida. En ese momento puede llorar y aliviarse al poco tiempo; es decir, la tristeza no es permanente ni se extiende a un sentimiento constante y profundo que puede durar semanas. En cambio, durante una depresión, la persona se siente incapaz de retomar su función normal de vida, se siente cansada y con sueño todo el tiempo, y puede que comience a dormir demasiado o a presentar insomnio; también puede perder o subir de peso sin intención, no logra concentrarse y en algunos casos puede llegar a tener pensamientos suicidas.

Ahora, con los conceptos claros, podemos hablar del papel que puede desempeñar el amor en los casos de personas con depresión o profunda tristeza. Si bien hemos expuesto a lo largo del libro que las relaciones sanas, el apoyo familiar y las amistades están relacionadas con la autoestima, el amor es el eje central de todo tipo de relación y de todo acto compasivo y entregado que hacemos hacia y con el otro. Cuando nos sentimos amados, nos sentimos protegidos, acompañados y respaldados, y esto permite que tengamos una confianza mucho mayor hacia lo que hacemos en nuestra vida. Varios estudios psicológicos aseguran que las personas que reciben amor y apoyo de sus seres queridos reducen sus niveles de estrés y de angustia, algo que mejora los índices de ansiedad y disminuye la posibilidad de desarrollar depresión o algún tipo de trastorno mental.

Ya había hablado del impacto que tiene el amor a nivel de salud y lo que genera en nuestro cerebro al ayudar a liberar una serie de sustancias y hormonas, como la dopamina y la oxitocina, encargadas del placer y el apego, las adicciones y la calma. Por eso, en personas con profunda tristeza y depresión, la liberación de dopamina al enamorarse les permite sentir una euforia y un placer parecidos al que perciben las personas que abusan de sustancias psicoactivas, sufren de ludopatía o cualquier tipo de adicción. La diferencia es que con el tiempo esa felicidad desbordada del amor se normaliza, pues la química cerebral se adapta. Por eso es tan importante cultivar las relaciones amorosas y mantener encendida la llama, para que no entren en un proceso de estancamiento y puedan seguir produciendo los neurotransmisores que generan bienestar.

El amor sostiene y repara

Hace más de año y medio hablaba sobre el tema de mi tercer libro con mi editora, Carolina Vegas (quien ha sido mi ángel escritor y ha corregido, editado y decorado todos mis libros, que espero que leas o ya hayas leído). Cuando ella me preguntó de qué trataría el nuevo libro, a mí, de inmediato, me vino a la cabeza el tema: sería sobre el amor. Pero no me atreví a confirmarle aún que ese sería.

Hay mucha gente que se ríe cuando uno habla de amor, porque piensan que es un tema trivial o incluso ridículo. La razón para que en la comunidad médica el tema se vea como algo insignificante es, como ya he dicho, que esta exige resultados a nivel numérico y cuantificable. Entonces, hablar del amor resulta de cierta manera vago porque no hay cómo cuantificar los resultados. Sin embargo, yo estaba convencida de que tenía que hacer este libro a como diera lugar, por los efectos tan impresionantes que he podido ver en terapia, y por lo que la misma vida me ha demostrado a nivel personal en los casos de quienes me rodean. Por eso, antes de confirmarle a Carolina el tema de este libro, decidí sentarme y analizar los casos de mis pacientes durante el último mes, y buscar qué había encontrado en común en todos ellos.

Si bien tenía clarísimo que sus enfermedades, problemas de peso y dolores, entre muchos otros, estaban relacionados con sus emociones, quería estar segura de revisar qué papel desempeñaba en ellos el amor. Así que decidí remitirme a mi agenda, revisar la historia de cada uno de ellos y buscar patrones en común. No estaba equivocada cuando encontré que de los 86 pacientes que había atendido durante el último mes, el 100% llegaba a mí con temas de problemas emocionales relacionados con su familia, sus compañeros de trabajo o su pareja. Todos, absolutamente todos, tenían una incidencia en su historia, en su infancia y, sobre todo, en una mala experiencia alrededor de alguna relación íntima cercana. Entonces, ¿qué estaba pasando con todos ellos? Estaban enfermos por falta de amor, por una carencia afectiva o porque se sentían abandonados, rechazados o aislados.

Te voy a dar un ejemplo sencillo. Cuando alguien llega con sobrepeso a terapia lo primero que le pregunto es por su relación con sus padres. En un principio siempre tratan de defenderse y decir que su familia es perfecta y que no recuerdan ningún trauma de su infancia, pero, cuando comenzamos a indagar, los resultados cambian de forma drástica y encontramos que de niños fueron abandonados, maltratados o se sintieron rechazados tras el divorcio de sus padres, la muerte de sus abuelitos (esto marca muchísimo a las personas, en especial a nosotros los latinos, que somos tan apegados a la familia) o alguna situación traumática de desarraigo.

Una vez me decidí por este tema, hice mucha más conciencia de los casos que venían a consulta y me enfoqué con mayor detenimiento en las relaciones personales y la vida amorosa de cada uno de ellos. Como nada acontece por casualidad, pasaron solo unos pocos días para que llegara Patricia a mi consulta, con una historia realmente impactante.

Su psiquiatra —a quien no conozco, pero agradezco su confianza— le había sugerido leer mi primer libro, *El cuerpo grita lo que las emociones callan*. Patricia había sido diagnosticada con depresión clínica y estaba tomando un antidepresivo inhibidor de la recaptación de serotonina, indicado para su diagnóstico. Por lo general, cuando mis pacientes vienen de un tratamiento psiquiátrico, a mí me gusta hablar con el médico tratante, para así respetar el proceso médico y asistirlo de la mejor manera.

Cuando entró a la primera sesión, le pregunté cómo podía ayudarla y me contó que se había divorciado por segunda vez, y que, a diferencia de la primera, ahora había quedado traumatizada. Le estaba costando mucho trabajo salir adelante y, sobre todo, ir a trabajar. No tenía ganas de comer, había perdido 12 kilos y ni siquiera había vuelto a hacerse las uñas, a peinarse o a teñirse el pelo; lo único que quería era dormir. Patricia era joven, tenía 42 años y dos niñas con su primer esposo. Además, seguía muy enamorada de su segundo esposo, Enrique, de quien se acaba de divorciar.

Él era 14 años menor que ella, actor de profesión y se dedicaba a ser la imagen de diferentes campañas publicitarias. Duraron casados cinco años y para ella era el hombre de sus sueños: guapo, joven, divertido. Me aseguró que él le había dado la vida que su primer esposo le había quitado. Ella era la cabeza del hogar, pues, como actor, Enrique no tenía un salario fijo, sino que ganaba por cada proyecto para el que lo contrataban. A ella no le importaba pagar todo en la casa, con tal de que Enrique no se fuera, pues por fin había encontrado a un hombre amoroso y caballeroso con ella, que además aceptaba y quería a sus dos hijas.

Las cosas estuvieron bien los primeros cuatro años, hasta que Patricia comenzó a notar conductas raras en Enrique. Cada vez llegaba más tarde a la casa y le decía que era por las extensas jornadas de trabajo. El asunto es que ella sentía que él olía de manera particular cuando llegaba tarde, a alcohol, a cigarrillo e, incluso en una oportunidad, al oler su ropa, no pudo evitar sentir que olía a sexo. Sin embargo, no quiso decirle nada ni reclamarle, porque temía que se fuera de la casa. Patricia había sufrido maltrato físico por parte de su primer marido, quien además había intentado abusar sexualmente de su hija mayor, que era hija de ambos.

Desde entonces Patricia comenzó un tratamiento de la mano de un psiquiatra, pues quería salir adelante y prepararse para reconstruir su vida amorosa. Conoció a Enrique en el ascensor de un centro comercial y quedó flechada por lo guapo y atractivo que era. Lo que ella no sabía era que él en verdad no quería tener una relación seria y que se sentía forzado a cumplir con la petición que ella le hacía de tener una relación formal. Esto se lo confesó cuando le pidió el divorcio: le dijo que se sentía demasiado joven para seguir casado, y que además se había dado la oportunidad de conocer a otras mujeres más jóvenes y bellas que Patricia, que además no tenían tantas cargas emocionales. Ella agradeció su sinceridad y le dijo que no lo presionaría con tal de que no se fuera de la casa. Fue entonces cuando él le dijo que quería tener tríos sexuales y orgías para innovar en la relación. Ella accedió para no perderlo, pero sufría mucho viendo cómo él tenía relaciones sexuales con otras mujeres. Lo que comenzó como un trío, terminó siendo un dúo con público en el que a Patricia ni siquiera la tocaban. Una completa falta de respeto.

Le pregunté a Patricia por qué quería quedarse junto a Enrique, y me dijo que él había logrado ayudarle a sanar su corazón tras su relación anterior, en la que su exesposo en una oportunidad le había pegado con un martillo en la mano y en otra le había sostenido a la fuerza la mano sobre un fogón para quemarla. Y, además, había intentado tocar los genitales de su hija mayor y violentarla. Después de su primer divorcio, a Patricia le diagnosticaron alopecia, pues su cabello había comenzado a caerse y su piel estaba muy marchita. Además, sufría de diarreas continuas y vómitos. Pero, cuando apareció Enrique, todo cambió. Recuperó su cabello, la piel volvió a estar tersa y su sistema digestivo se reguló. Ni siquiera el gastroenterólogo podía creer lo que estaba viendo, pues cuando a Patricia le habían hecho la primera colonoscopia los resultados habían sido alarmantes, pero ahora la encontraba libre de enfermedad: una Patricia nueva, sana y vital. Es decir, estábamos ante un caso que demostraba que el amor sí podía ayudar a alguien a recuperar su salud. Lo que Patricia jamás imaginó era que Enrique fuera a tratarla de la manera en que lo estaba haciendo, violentándola al hacerla sentir que debía acostarse con otros hombres y mujeres para poder salvar la relación.

La realidad es que la relación había dado un vuelco que ella no esperaba y el idilio de los primeros años se había esfumado. Ahora Patricia tenía que salir adelante, retomar su vida sola, continuar con sus hijas y centrarse en ella misma. Para completar, no habían firmado capitulaciones antes de casarse, por lo cual a él le correspondería la mitad de lo que ella había generado en esos años, a pesar de que él no tenía ni bienes ni ahorros.

El divorcio le salió carísimo. Tuvo que entregar sus bienes y repartir cuentas bancarias, y quedarse sola. Por su parte, Enrique había conocido a una mujer de 26 años y estaba rehaciendo su vida con ella. La situación se le había salido de las manos, por eso agradeció que su psiquiatra decidiera medicarla.

La medicina le ayudaba a sentirse más tranquila y al menos estaba intentando dormir mejor. Sin embargo, no quería trabajar, ni arreglarse, ni salir de su casa. Cuando revisamos qué era lo que había pasado en su infancia para entender lo que estaba ocurriendo ahora con sus relaciones encontramos que tenía una ausencia de padre, pues sus papás se habían separado cuando ella tenía seis años. Por eso ahora buscaba amor a como diera lugar, así le tocara pagar para recibirlo. Fue así como comenzamos a trabajar en su amor propio, en sanar su relación de abandono con su padre y en superar día a día a Enrique.

Los procesos de sanación, en general, no son fáciles. Son una montaña rusa que sube y que baja. Pero a Patricia le esperaba una bella sorpresa de la vida. Siete meses después de su segundo divorcio se reencontró con un hombre llamado Mauricio, a quien ella había conocido de joven, pero al que no recordaba. Él, en cambio, la recordaba muy bien; tanto así que la reconoció de inmediato una tarde de domingo cuando se encontraron en un restaurante de Bogotá. Era domingo y Patricia, con la cara lavada, iba con sus hijas. Por su parte, Mauricio estaba almorzando con su hijo. Después de saludarla le comentó que había enviudado hacía dos años, cuando su esposa perdió la lucha con un cáncer. Eso conmovió mucho a Patricia, quien accedió a intercambiar números telefónicos. Tan solo horas después del reencuentro quedaron en salir juntos.

Patricia cambió mucho en los siguientes meses. Se veía preciosa a través de la cámara del computador en nuestras sesiones. Se había puesto bótox por primera vez, y los dolores de estómago, que habían reaparecido con el segundo divorcio, habían disminuido sustancialmente. Me preguntó si podía dejar el medicamento para controlar la depresión y yo le aclaré que eso debía discutirlo con su psiquiatra, no conmigo. Hoy lleva ya varios meses de relación y vive con Mauricio, quien adora a sus hijas, y ella se la lleva muy bien con su hijo. De Enrique no volvió a saber nada.

Actualmente la veo una vez al mes para control, pero el poder del amor en su caso ha sido impresionante. Pasó de ser una mujer maltratada y traumatizada por su primer marido, y a que la cura (su segundo matrimonio) fuera peor que la enfermedad, para finalmente reencontrarse con Mauricio. Hoy está construyendo un hogar basado en el amor y el respeto. Mauricio, por su parte, así como su hijo, han sanado con el tiempo la pérdida de su esposa.

El amor incondicional

A quienes somos cristianos, cuando comenzamos nuestra formación religiosa siendo niños, nos enseñan que Dios es la fuente universal de amor y que su amor es incondicional; también crecemos bajo la premisa de que el amor de Dios es desinteresado y que debemos amarnos los unos a los otros como Él nos amó al dar su vida por nosotros en la cruz. Del amor de Dios podríamos decir que nuestro siguiente referente de amor incondicional es el amor de nuestra madre, quien nos tuvo dentro de su vientre por nueve meses y quien desde el primer momento es la responsable de amamantarnos y protegernos; el amor del padre lo conocemos conforme vamos creciendo, pero el primer contacto suele ser con la madre. Sé que no debo generalizar, porque hay casos en que esto no se da así, pero lo hago porque la mayoría de las veces sí es nuestra madre nuestro primer ejemplo real de amor incondicional.

Al crecer, el amor de los hermanos, de los primos, de los tíos, se une al amor incondicional familiar del cual tenemos referente desde que somos niños; y ya luego se suman los amigos, los conocidos y todas aquellas personas que van abordando al tren de nuestra vida. Unos suben, otros bajan, pero siempre el amor incondicional termina siendo, en la mayoría de los casos, el de nuestros padres y el de quienes son los más cercanos a nosotros. De nuevo, sobra aclarar que no sucede lo mismo en todos los casos y que existen diferencias entre las familias, pero, lo que no podemos negar, es que la familia y la crianza son determinantes para el desarrollo de las personas.

La familia es la que nos aporta nuestros valores y nos acompaña a adquirir enseñanzas importantes para la vida. Por eso, es el grupo de personas de debe hacernos sentir protegidos, seguros y muy queridos. Además, es en familia que encontramos la principal experiencia de alegría y felicidad, pues es el primer referente de unión, entrega y comunidad; es el núcleo social al que pertenecemos desde que nacemos y, por ende, al primero que nos vinculamos y apegamos desde bebés.

Antes de continuar, quiero aclarar que, aunque he dicho que la familia es el núcleo principal en el que nacemos y la fuente directa de unión con la que tenemos contacto desde pequeños, esto no significa que no exista disfuncionalidad familiar, con diferencias, desuniones y problemas. Incluso, es una realidad que hay familias que no son espacios seguros para las personas, en las que se viven a diario la violencia y el abuso. Eso es importante tenerlo claro para no caer en el idilio familiar y en que todo es bueno y maravilloso; cada familia es diferente.

Ahora sí vamos a entrar en materia. Quiero comenzar con la siguiente pregunta: Cuándo te sientes triste, tienes miedo, angustia o ganas de llorar, ¿quién es la primera persona que visualizas o el primer olor en que piensas? No sé si a ti también te pasa, que tu mamá tiene un olor característico y cuando lo hueles te tranquiliza y te hace sentir protegido. Puede pasar lo mismo con tu papá. Por ejemplo, existimos quienes pensamos en él siempre que necesitamos protección o cuidado, y por eso muchas personas buscan una pareja parecida a su papá, que las proteja y las cuide. También puede pasar en algunos casos que muchas mujeres busquen hombres mucho mayores, con el fin de sentirse protegidas, como cuando están con sus papás.

En un artículo titulado *¿Por qué me gustan los hombres mayores que yo?*,[19] Enric Corbera menciona algo muy interesante a la hora de hablar acerca de las mujeres que buscan amor en hombres mayores. Se trata del encuentro con la figura arquetípica del padre y la influencia que esta tiene en nosotras a la hora de buscar pareja, ya sea porque tuvimos a un padre ausente, porque nuestro padre se fue de la casa, porque no lo conocimos o simplemente porque queremos recuperar el vínculo que tuvimos con él si fuimos muy consentidas. Entonces, quienes decimos que nos gustan los hombres mayores, no es que estemos enamoradas de una edad sino de características que asociamos de manera inconsciente con una persona mayor que representa la figura paterna.

Te voy a compartir mi historia para ilustrarte este caso específico y exponerte cómo superé este patrón, y lo mucho que me costó hacerlo, pues no tuve el conocimiento ni las herramientas a tiempo.

Quienes me conocen saben que mi padre, John Novoa, ha sido el amor de mi vida desde que soy niña. Él era militar del Ejército de Colombia de la rama de infantería, por lo cual pasaba mucho tiempo lejos de nosotras, en los batallones, pendiente de la guerra que vivía el país en los años ochenta y noventa. Teníamos la oportunidad de visitarlo en vacaciones en Puerto Carreño, Urabá y otros rincones del país, pues mis padres habían decidido que nos quedáramos en Bogotá para ir al mejor

[19] Corbera (2022).

plantel y no estar saltando de colegio en colegio en cada una de las ciudades a las que lo asignaban durante espacios cortos de tiempo. Entonces crecí con una figura de padre al que no veía a diario, como sí lo hacían mis compañeras de colegio, sino que, más bien, mi figura paterna era una ilusión que yo construía día a día con anhelo, mientras contaba el paso del tiempo para salir a vacaciones y poder acompañarlo dos o tres meses en el batallón.

Corbera, experto en neuroemoción, asegura que lo que inicialmente hace una persona en su relación de pareja es asociarla con lo primero que conocimos, que son nuestros padres. De ahí podemos comprender por qué algunos hombres buscan en su pareja muchos rasgos parecidos a los de su madre, y, en el caso de las mujeres, buscamos rasgos de nuestro padre. Pero he aquí lo interesante: no es algo que planeamos, sino que se da de manera inconsciente, pues los padres tienen una función arquetípica marcada por su función biológica, en la que el hombre cumple con darle protección y seguridad a su familia, y la mujer tiene el papel de cuidar, amamantar y proteger a su cría.

Pero, de regreso a mi historia, esto fue exactamente lo que ocurrió durante mis relaciones de pareja a lo largo de mi vida. Era una niña tan apegada a mi papá y tenía tal anhelo por buscar su protección, que inconscientemente siempre tuve relaciones con hombres mayores. Yo buscaba protección a como diera lugar. Recuerdo que estando en el colegio, mi madre siempre me decía que era mejor tener amigos hombres que amigas mujeres, pues los hombres me cuidarían, mientras que las mujeres eran envidiosas y chismosas. Y eso era exactamente lo que me ocurría, pese a estar en un colegio femenino: mi relación con los hombres siempre fue mejor. Tenía amigos de otros colegios y me sentía más protegida por aquellos que eran mayores que yo. Mi primer novio estaba en la universidad mientras yo estaba en secundaria, y así fue como comencé a rodearme siempre de hombres mayores, pues los admiraba y sentía que siempre estaban pendientes de mí. A los hombres menores los encontraba inmaduros y sentía que no podía tocar ningún tema de interés con ellos.

Como desde muy joven comencé a trabajar en televisión, y era la menor de mis compañeros, mis amistades y relaciones siempre solían ser mucho mayores que yo. Hasta aquí nada suena descabellado, tenía amigos mayores y una pareja que me llevaba 5 años, algo absolutamente normal para nuestra cultura latina, en la que por lo general el hombre es mayor que la mujer. Pero las cosas cambiaron cuando me fui de mi casa a vivir a Estados Unidos y me encontré sola en un país difícil y completamente ajeno a mi cultura.

Mi primer esposo fue un hombre muy especial, Juan Cooper, a quien adoro y con quien todavía mantengo una gran amistad. Las cosas con Juan, quien me llevaba 7 años, funcionaron el tiempo que tenían que funcionar. Estuvimos casados durante cinco años y cuando ambos llegamos al acuerdo de seguir cada quien por su propio camino, nos divorciamos. Terminamos nuestra relación en excelentes términos, pero ambos muy solos. En Miami, aunque se tengan muchos amigos, cada quien vive su vida y se pierde en trabajar y trabajar, y cuando llega el domingo no se da cuenta de que, cuando uno está soltero, anda completamente solo, pues los amigos están inmersos en una dinámica de pareja en la que uno no encaja.

El hecho es que, una vez divorciada de Juan, mi interés por hombres de mi edad o que me llevaran cinco o máximo diez años, se esfumó. Comenzaron a pretenderme señores que me llevaban quince y hasta veinte años, y en lugar de verlos como padres, comencé a interesarme en ellos, porque eran hombres centrados, inteligentes, con una vida emocional mucho más tranquila y experimentada. Eso era lo que yo veía para ese entonces, pero hoy, diez años después y con el conocimiento en emociones y manejo del subconsciente, comprendo que estaba indirectamente buscando protección, pues mi divorcio me había dejado desamparada y me sentía sola. A esto se sumaba que, por la ausencia física de mi padre durante mi infancia, siempre había sido muy consentida y buscaba en mi pareja alguien que me cuidara y velara por mí.

Desde niña siempre desempeñé el papel de mostrarme fuerte y de acompañar a mi mamá para que nunca sufriera con los largos períodos de ausencia de mi papá, así como de asistirla en la crianza de mi hermana Andrea. Mis abuelos siempre nos apoyaron en Bogotá; es más, la gente confundía a mi abuelo con mi padre. A mi abuelo le digo "el tata" y siempre se ha visto más joven de lo que es, cuando éramos niñas no tenía canas y siempre acompañaba a mi mamá a las reuniones del colegio y a comprar los uniformes. Estaba presente en todo lo de nosotras.

Fue así como después de divorciarme conocí a Edgardo, un hombre 18 años mayor que yo y quien desde el comienzo fue tan atento conmigo, que se robó mi corazón. Si lo pienso hoy me doy cuenta de que Edgardo cumplía muchísimas labores de un hombre conquistador y protector, como un padre. La manera como me trataba se parecía a la forma en que mi papá trata a mi mamá: siempre estaba pendiente de mí, me recogía en mi casa, me llevaba al trabajo, no me dejaba gastar un solo centavo, mejor dicho, era como tener a mi papá en Miami. Pero eso solo soy capaz de analizarlo ahora; antes no caía en cuenta. Yo sentía que estaba superprotegida y mis amigas lo tenían en gran estima, pero un día una gran amiga me dijo algo que me quedó sonando: "Los hombres mayores con el tiempo se ponen cansones. Ahorita que estás joven todo es maravilloso, pero luego se convierten en personas atadas a las rutinas, que ya no vibran con tu deseo de libertad y que prefieren que permanezcas en casa a que salgas a trabajar. No es que esté mal o bien, simplemente es un concepto muy alejado de lo que tú deseas tener". Y así fue, tal cual. Al ser mayor, de origen mexicano y con una crianza bastante conservadora, Edgardo me quería solo para él y no le gustaba que saliera con amigos hombres; prefería que me quedara encerrada en la casa.

Tras la muerte de Edgardo en 2020, el sentimiento de abandono regresó. De niña había crecido con un padre físicamente ausente y ahora mi marido había fallecido y volvía a quedarme sola. Si te fijas, el patrón se repetía una vez más y los hombres que comenzaron a pretenderme en ese momento seguían siendo 15 a 18 años mayores que yo. Esto no podía ser casualidad. Tenía que existir algo más que aún no había sanado y por algo la vida me estaba enviando nuevamente hombres mayores; o más bien, por algo yo solo me fijaba en el mismo patrón de hombre mayor, que fuera protector, que tuviera la vida resuelta y que supliera mis necesidades como lo había hecho mi padre toda la vida y luego Edgardo.

Me di la oportunidad de conocer a varios hombres durante mi proceso de duelo y comencé a notar que los mayores se quejaban mucho, tenían horario para irse a dormir y, sobre todo, eran hombres que ya tenían la vida arreglada y la única manera en que yo podría ajustarme a ellos era encajar con su estilo de vida. La gota que rebosó la copa fue el día en que me di la oportunidad de conocer a un hombre español con tres hijos. En un comienzo era muy amable, pero con el paso de los días lo noté necio; no quería acompañarme a ningún evento a los que habitualmente asistía y a las 10 de la noche me decía que tenía que irse a dormir. Era una persona completamente inflexible y llevada de su parecer, algo parecido a mi abuelo y a mi padre, pero en ellos —por ser mi familia— no lo notaba como algo negativo sino normal. Pero en una pareja me chocaba muchísimo la falta de flexibilidad y tener que ajustarme y encajar con una vida ya armada, en la que no había cabida para construir sino solo para engranar.

Al ver que los pretendientes que aparecían tenían todos los mismos patrones, decidí poner fin a mi búsqueda de pareja y le pedí a Dios que me iluminara y enviara a la persona correcta en el momento correcto. Semanas más tarde conocí a Eric, un hombre 8 años mayor que yo, soltero y completamente moderno. Con él logré entender que nuestra pareja no puede venir a suplir una carencia emocional de nuestra infancia, ni tampoco rescatarnos de nuestro pasado o de nuestros traumas infantiles, pues esto convierte la dinámica en una relación basada en la necesidad y no en el amor. Cuando estás con alguien, o en algún trabajo, por necesidad, siempre estarás preso de esa necesidad; en cambio, cuando estás con alguien o en algún lugar por elección, tu decisión te hará libre.

En resumen, lo que te quiero explicar es que hasta que no sanes los traumas de infancia o las carencias que tuviste de niño, no podrás tener una relación sólida y basada en la elección, sino que tendrás “relaciones salvavidas”, en las cuales lo único que buscas es un amor incondicional de madre y de padre disfrazado en el amor de tu esposo o esposa. Si bien la pareja es el apoyo y el compañero que eliges para caminar tu vida, no es ni tu madre ni tu padre, no tiene por qué comandar tu vida ni tampoco regañarte por algo que hiciste o dejaste de hacer. Cuando entiendes que eres compañero del otro, aprendes a acompañar y no a poseer, y ahí está la clave para que el amor triunfe y pase de ser un amor por necesidad a ser un amor real y transparente.

No hay mayor amor que el de la familia

A sus 32 años, Rosario —con una hija de 3 años y embarazada de su segundo bebé— recibió la noticia de que su esposo quería divorciarse. Después de cinco años de casada, y tras haber dejado de trabajar por un acuerdo de pareja, se enfrentaba a rehacer su vida sola y sin poder emplearse, pues nadie le iba a dar trabajo estando embarazada. Además, su hija mayor tenía un retraso en el aprendizaje y los médicos no habían podido diagnosticar aún si se encontraba en el espectro autista.

Cuando Rosario recibió la noticia del divorcio, el mundo se le derrumbó. Sobre todo, porque ella había tenido una pareja anterior, un hombre mayor y muy protector que la amaba pero que no quería tener hijos, y por eso ella había decidido divorciarse. Ante todo lo que estaba pasando, pensó que la peor decisión que había tomado en su vida era separarse de su primer esposo, quien además era un gran hombre.

Cuando recibió la noticia del divorcio, comenzó a tener unos dolores de estómago muy fuertes y tuvo miedo de sufrir una pérdida. No quiso preocupar a su mamá, pues era muy independiente y le preocupaba que su madre comenzara a visitarla a diario. Rosario había crecido sin padre, pues él era piloto y murió en un accidente aéreo cuando ella era apenas una recién nacida. La relación con su mamá no era la mejor, aunque era cordial. Tenía un hermano 10 años mayor, con quien se llevaba muy bien, y acudió a él para contarle lo que estaba sucediendo. Lleno de ira le dijo que su esposo tenía que irse de la casa y que ella debía exigirle una cuota de manutención, por el bien de los niños. A ella la tenía muy angustiada el hecho de que ella y los niños iban a quedar desamparados. Unas semanas después Rosario se enteró de que su esposo estaba saliendo con otra mujer y que esa era la razón por la que le había pedido el divorcio.

Su mamá vivía en Estados Unidos y ella se vio en la obligación de llamarla y contarle, pues estaba muy triste. Se le había empezado a caer el pelo y cada día tenía menos ganas de vivir. En realidad, se estaba sumiendo en una tristeza profunda. No quería contarle a nadie más lo que estaba sucediendo. La niña la veía llorando todo el tiempo y le preguntaba por qué su papá ya no regresaba a dormir por las noches. Para ella era muy difícil explicarle que se iban a divorciar, pues su hija era muy apegada a él.

Tomó la decisión de irse a Estados Unidos a estar un tiempo con su mamá, aprovechando que todavía podía viajar. Se quedó con ella cuatro meses. Al comienzo no fue fácil, pues Rosario no estaba acostumbrada a vivir con ella y ambas eran tan parecidas que la relación chocaba bastante. Sin embargo, se dio cuenta de que su mamá era el gran apoyo que ella necesitaba. Su hermano decidió viajar a acompañarlas durante un mes y los tres aprovecharon para ir a los parques de diversión de Orlando y compartir experiencias que nunca habían tenido, ni siquiera cuando eran niños.

Poco a poco Rosario comenzó a sentirse mejor, dejó de caérsele el pelo y dejó de tener contracciones aleatorias. La angustia mermó.

El padre de los niños llamaba a diario a la mamá de Rosario para evitar cualquier contacto con ella, pues las videollamadas la dejaban muy triste. Sin embargo, estaba en todo su derecho de mantener contacto con la niña y Rosario no podía prohibírselo.

Al séptimo mes de embarazo, Rosario decidió tener el bebé en Estados Unidos, sin consultarle al padre. Además de que el niño obtendría automáticamente la nacionalidad, ella estaría con su mamá y recibiría todos los cuidados que no tendría sola en su país. Moisés nació a los ocho meses de gestación, pues se adelantó a causa de toda la tristeza de Rosario durante el embarazo. Aunque prematuro, nació sano.

Vilma, la madre de Rosario era paciente mía y me contactó durante el embarazo de su hija para que la apoyara en el proceso. Al nacer el bebé, la mayor preocupación era que ella cayera en una depresión posparto, especialmente por la tristeza que había vivido durante el embarazo. Por fortuna eso no sucedió, en especial porque la mamá y el hermano de Rosario decidieron apoyarla económicamente a ella y a los niños, y ayudarla a permanecer en Estados Unidos en un ambiente seguro y rodeado de amor.

Aunque Rosario y su mamá nunca habían tenido una buena relación, esta crisis les había dado la oportunidad de reencontrarse. Vilma no solo la recibió y la acompañó durante el embarazo, sino que calmaba sus llantos, le compró todo al bebé para su llegada y consintió mucho a su nieta. Esta es una muestra clara de la importancia del amor familiar para sanar. Rosario logró permanecer en Estados Unidos unos meses más después del embarazo y luego regresó a Medellín. Su mamá fue a esa ciudad durante un año a ayudarle a establecerse, mientras se tramitaba el divorcio y se llegaba a los acuerdos legales entre su exesposo y ella. Además, Rosario se refugió en el ejercicio y la buena alimentación, lo que le ayudó a evitar una depresión.

Hoy en día Rosario tiene una nueva pareja que ama a sus dos hijos y es una empresaria pujante en Colombia. Cuando hablé con ella para relatar su historia, me pidió que pusiera énfasis en el hecho de que sin su madre nada de esto hubiera sido posible. También que se arrepentía de todos los años que había desperdiciado al estar alejada de ella y que definitivamente el amor familiar la había salvado de perder a su hijo.

Hay miles de casos como el de Rosario, en los que el amor familiar triunfa en tiempos de crisis y se convierte en la mejor medicina. Yo pasé por lo mismo cuando en 2019 recibí el diagnóstico de Edgardo. Al comienzo me costó trabajo pedirle ayuda a mi familia, pues vivían lejos y estábamos al inicio de la pandemia, pero una vez me vi envuelta en la angustia de no poder lidiar sola con la enfermedad y el cuidado de mi entonces esposo, mi mamá viajó a Nueva York y se quedó conmigo los últimos meses de vida de Edgardo; mi hermana y mi papá llegaron un mes después y los cuatro le dimos todo el amor y los cuidados para que él pudiera descansar en paz. Mi mamá se centró en ayudarme a prepararle el desayuno, a cambiarle los pañales y a ayudarme a bañarlo, pues me costaba mucho trabajo hacerlo sola —era un hombre que medía 1,95 metros y pesaba 90 kilos—. En esa situación fue en la que yo, que siempre he amado a mi familia, llegué a valorar lo que es el verdadero amor familiar incondicional. Un amor que traspasa fronteras y que siempre está a nuestra disposición de manera desinteresada.

El amor incondicional de los animales de compañía

Quien no tiene un animal de compañía no entiende el amor que ellos profesan a sus cuidadores humanos. Quizás a algunos les pueda sonar exagerado, pero cuando uno ve a una persona llorando la muerte de su perro tiene que entender que para muchos ese duelo se parece al de la pérdida de un hijo, pues más que ser una compañía los peludos asisten con las habilidades emocionales y sociales, obligan a las personas a mantenerse activas y a gozar con el juego (que es tan importante para la mente), y ayudan a disminuir el estrés, pues mejoran los niveles de cortisol y también la tensión arterial.

Hablaba un día con una psiquiatra en la ciudad de Nueva York que trabaja con pacientes con cáncer y enfermedades terminales, y me contaba que, por ejemplo, los perros suelen servir como fuente de consuelo y apoyo para los pacientes y sus familias. No sé si hayas visto en aviones y lugares públicos a perros con un uniforme especial de asistencia a personas ciegas, con algún tema de alergias severas o incluso epilepsia. Son animales de servicio entrenados para asistir a sus acompañantes humanos en momentos de crisis; en caso de alergias severas, por ejemplo, a distinguir si hay un alérgeno peligroso cerca al paciente. También existen animales a los que se les llama "de apoyo emocional", y son considerados necesarios para la salud mental de las personas, incluso para las personas que sufren de ataques de pánico, estrés postraumático o fobia social, o a aquellas personas que necesitan compañía en todo momento.

La terapia con animales y el estudio sobre su importancia en la salud de los humanos se remonta a 1792, cuando un centro de asistencia a personas con problemas emocionales en Inglaterra introdujo conejos y aves de corral para ser cuidados por los pacientes. Luego, hacia 1940, el hospital para convalecientes de la Fuerza Aérea estadounidense, en Pawlin, Nueva York, utilizó animales para acelerar la mejoría de los pacientes que se recuperaban de las secuelas de la guerra. Desde entonces la asistencia animal se ha convertido en una gran herramienta para terapeutas, quienes han incentivado la modalidad de tener mascotas en el hogar, tanto para el desarrollo cognitivo de los niños, el aprendizaje de la socialización y el juego, como para el desarrollo de sus capacidades de cuidado.

Un estudio titulado "Canine-assisted therapy for children with ADHD: Preliminary findings from the positive assertive cooperative kids study" demostró que los perros pueden ayudar a los niños con trastorno de déficit de atención e hiperactividad (TDAH) a concentrarse. En este estudio se escogieron dos grupos de niños diagnosticados con ese trastorno. Durante las sesiones de terapia, los niños del primer grupo tenían que leerle a un perro de terapia una vez a la semana durante treinta minutos, mientras que en el segundo grupo debían leerles a marionetas con forma de animales, que no se movían. El resultado demostró que los menores que le leyeron a los animales reales tuvieron mejores habilidades sociales y generaron más cooperación con las mascotas, al igual que un mejor comportamiento que los del segundo grupo. También mejoró el comportamiento de niños con trastornos del espectro autista que jugaron y socializaron con animales que les llevaban al aula de clase.[20] Con estos resultados los investigadores sugieren que los animales ofrecen aceptación incondicional, lo que genera tranquilidad en los niños y les brinda un ambiente de calma y confort.

¿Recuerdas que en capítulos anteriores te hablaba sobre el efecto del amor en el cerebro y la segregación de sustancias como la oxitocina, la dopamina y la serotonina? Pues te cuento que una de las principales razones por las cuales los animales nos sientan tan bien a los humanos es que al acariciarlos segregamos oxitocina, y eso genera un efecto relajante que ayuda a reducir el estrés y la ansiedad. Lo mismo sucede con la dopamina y la serotonina, ambas relacionadas con el bienestar y con niveles de cortisol más bajos, lo que ayuda a mejorar las probabilidades de no padecer depresión, aprender a controlar los impulsos y mejorar la autoestima. Otro factor importante con las mascotas

---

[20] Schuck *et al.* (2015).

es el papel que desempeñan en enseñarles a sus cuidadores a tener responsabilidades, crear rutinas y estar activos, así sea para sacarlos a hacer sus necesidades.

Ahora bien, teniendo en cuenta que esto es lo que dicen las investigaciones científicas, existe otro aspecto que me parece sumamente interesante de tratar y es el campo espiritual. Si bien tenemos claros los efectos que tiene el amor por los animales en los seres humanos, vale la pena mencionar también la misión espiritual que tienen ellos en nuestras vidas. Pero, ojo, esto no tiene nada que ver con religión sino con un papel adicional, que podría decirse que es de carácter energético y que te voy a explicar a continuación.

¿Has notado que cuando estás triste o enfermo, tu mascota se te acerca y te ronda todo el tiempo como para decirte que está cuidándote? Creo que es evidente, para todos aquellos que tienen animales de compañía, ver cómo estos nos ayudan a cambiar la energía cuando tenemos un día difícil. Si nos remitimos, por ejemplo, a la filosofía china, el perro es un símbolo de amor incondicional que llega a nosotros para activarlo, es representación de lealtad y fidelidad. De igual forma los maestros espirituales expertos en este campo aseguran que los animales son como radares de las vibraciones por su sensibilidad a las energías externas, por eso a veces los vemos ladrando a la nada y no entendemos por qué lo hacen.

Mi peludo me salvó

Carolina llegó a mi consulta tras haber perdido a su gato, con el que vivió más de 16 años. Ella se había mudado de Oklahoma a Nueva York, cuando fue becada en la universidad para estudiar diseño. Era huérfana de madre y su papá siempre había estado ausente a lo largo de su vida, por lo cual ella no contaba con sus padres. Cuando cumplió 18 años, una de sus amigas le regaló a Kitty, una gatica criolla que habían adoptado en un albergue cercano a su casa. El regalo le llegaba a Carolina como caído del cielo, pues se sentía muy sola y le estaba costando trabajo, tras una ruptura amorosa, salir adelante. Así que, tras recibir la beca y decidida a comenzar una nueva vida, salió junto a Kitty rumbo a Nueva York, donde esperaba estar tranquila, olvidar a su expareja y centrarse en sus estudios.

Con lo que ella no contaba es que al poco tiempo iba a ser diagnosticada con un problema en sus ovarios. Lo que comenzó como un mioma se convirtió en una serie de quistes que le generaban unos cólicos menstruales muy fuertes. Ella sí notaba que sus menstruaciones habían cambiado, pero pensaba que quizás era algo esporádico, hasta que decidió ir al ginecólogo y este encontró que tenía una masa del tamaño de una naranja que tenían que extraer.

Durante esos días Carolina se dio cuenta de que Kitty permanecía acostada sobre su barriga y siempre la rodeaba; también maullaba más de lo normal. Ella no se había percatado de que la gatita se postraba exactamente en el mismo lugar donde estaba la masa. Pasaban los días y cada vez sentía más dolor hasta que decidieron, por fin, sacarle de urgencia la masa, pues un viernes, antes de salir de fiesta, sintió un dolor muy fuerte y le costaba mucho caminar. El médico le había dicho en un principio que esperaran unas semanas más para operarla; sin embargo, el dolor la hizo correr a un centro de emergencias. Mientras se preparaba para salir al médico, la gata saltaba por toda la casa, de sofá en sofá, y maullaba durísimo. Estaba muy inquieta y desesperada. Carolina salió directo para la clínica y dejó a Kitty en la casa. La tuvieron que operar, por lo que pasó un par de días en el hospital, y a su regreso se encontró con que la gata no la determinaba, tenía los sofás rayados y se escondía detrás de la cortina como para protegerse de algo. Sin duda, ella estaba sintiendo la enfermedad de Carolina y su ansiedad se debía a que la percibía muy delicada de salud.

Cuando Carolina le contó al veterinario que sentía muy extraña a Kitty, él le dijo que los animales, en especial los gatos, son muy sensibles a las energías y a sentir lo que vive su dueño; además le dijo que con los peces ocurre algo parecido: al sentir una mala energía en el ambiente se mueren, y por eso en muchos consultorios médicos u oficinas los acuarios tienen una rotación alta de peces. Fue así como ella se dio a la tarea de hablar con un experto en espiritualidad, quien le explicó que los gatos tienen la misión de limpiar energéticamente cuando hay malas energías y eso se remonta a las civilizaciones antiguas. Estos expertos aseguran que los gatos tienen el poder de eliminar la energía negativa acumulada en nuestro cuerpo. Mientras dormimos, ellos absorben la mala energía y por eso muchos de ellos se enferman para salvar a sus dueños. En el budismo los gatos representan también la espiritualidad y por eso en sus templos suelen estar cerca del Buda.

Con el paso de los meses Carolina pudo recuperarse, regresó a la universidad e iba a chequeos mensuales para monitorear el resultado de la cirugía. Pasado casi un año de la emergencia médica, conoció a un hombre a través de una aplicación de citas en el celular. José era de origen boliviano y a ella le gustó mucho la foto que había publicado en su perfil, pero, cuando entró por primera vez a su casa, Kitty se puso como una fiera e incluso fue agresiva con él. Carolina pensó que eran celos, pero Kitty no lograba calmarse: estaba aún más alborotada que cuando la operaron. Al poco rato de estar sentados en la sala de la casa, donde Kitty en ningún momento se alejó de él o dejó de permanecer alerta e incómoda, José comenzó a estornudar y se tuvo que ir, pues al parecer el pelo de la gata le había generado alergia. Carolina estaba muy avergonzada por la situación, pero no podía hacer nada al respecto.

Pasaron varios días desde la cita y el incidente, y José no volvió a aparecer. Carolina se puso muy triste pues estaba ilusionada: era el primer hombre que le interesaba y además llevaban charlando más de un mes por redes sociales. Quiso esperar hasta el fin de semana para ver si él le volvía a escribir, pero no pasó. Decidió salir con una amiga de la universidad a comer y, mientras charlaban, su amiga le contó que había conocido a un hombre boliviano y que llevaba varias semanas saliendo con él. Me imagino que ya sospechas para dónde va la cosa; claro, pues era el mismo José con el que había salido Carolina hacia apenas una semana. En una ciudad tan grande como Nueva York, su amiga de la universidad estaba saliendo con el mismo hombre. Parecía un chiste, pero era real.

Esta noticia le cayó como un baldado de agua fría y sentía que nuevamente había perdido la única ilusión que le quedaba. Al verla llorar, Kitty la consentía con su cola a su manera, y fue así como ella entendió que era una gatita especial y que el malestar que había sentido el día que entró José a la casa era porque había percibido que ese hombre no le convenía. Es decir, Kitty quería salvarla y ella no se había dado cuenta a tiempo.

Pasaron dos meses y la gata comenzó a enfermarse. No quería comer y tocaba mojarle la comida para que pudiera tragar. Así pasaron varios meses, hasta que el veterinario decidió dormirla, porque estaba muy mal. Con el duelo de Kitty, Carolina llegó a mi consulta a trabajar el manejo de las emociones y el abandono que estaba viviendo por la muerte de su gatita. Me contó que había leído sobre la protección de los animales a sus humanos y que se sentía culpable por la muerte de su gata, pues creía que haber llevado a José a su casa le había causado la enfermedad a Kitty. Hablamos sobre los procesos de duelo y la protección animal, y le dije que pese a que en este caso la gata había ejercido un papel protector, no podía sentirse culpable por su muerte pues Kitty ya tenía 18 años, que es una edad bastante alta para un gato. Con el paso del tiempo logramos sanar los cuatro duelos pendientes que tenía: la pérdida de su mamá, el abandono de su papá, la ilusión por encontrar una pareja y la muerte de Kitty.

Como el de Carolina, conozco muchísimos casos en los que tanto un pez como un perro o un gato se preocupan por su cuidador humano, y terminan convirtiéndose en su aliado y protector hasta las últimas consecuencias. Basta ver cuando un perro sale a defender a su humano ante un ataque.

Se fue mi gran amor

La muerte de un ser querido es una de las pérdidas más duras que viven los seres humanos. Además, las condiciones del fallecimiento pueden hacer que este dolor sea aún más grande. Por ejemplo, dicen que la pérdida de un hijo jamás se supera, sobre todo porque la ley natural indicaría que primero mueren los abuelos y luego los padres, antes que un hijo.

La muerte es de lo más doloroso que hay. El vacío que deja la persona en nuestra vida, más si convivimos con ella, es indescriptible. El desasosiego que viene después es indescriptible también. Yo lo viví, a mí nadie me lo contó.

En el año 2017 perdí a mi abuela, quien desempeñó un papel fundamental en mi crianza y educación. Luego, en 2020, falleció mi tío, una persona muy especial para toda la familia. Pero no fue hasta finales de 2020, cuando murió mi entonces esposo, que comprendí lo que en realidad es un duelo a todo nivel.

En julio de 2019, en la ciudad de Nueva York y a las pocas semanas de habernos casado, mi esposo Edgardo fue diagnosticado con un tumor cerebral en fase terminal. Con el diagnóstico comenzó mi proceso de duelo. Siempre pensamos que el duelo empieza cuando la persona fallece, pero lo cierto es que hay duelos que se dan desde que la persona está viva. Es lo que algunos llaman “duelo en cuerpo presente”, es decir, cuando la persona pierde la memoria, olvida que está presente y por su condición de salud solo está con nosotros a nivel físico.

Recibir un diagnóstico de una enfermedad terminal o degenerativa es un proceso muy doloroso y, sobre todo, lleno de incertidumbre. La palabra terminal es muy dura de digerir. La misma palabra lo dice: es una última fase que lleva al final de los días. Pero no solo es difícil de procesar para el enfermo, sino para sus seres queridos: requiere prepararse contrarreloj para una muerte, unos trámites y una serie de situaciones para las que uno nunca está listo. Con 32 años, recién cumplidos, me dijeron que a mi esposo le quedaban entre once y quince meses de vida, una noticia que nos tomó a ambos por sorpresa, pues uno nunca espera que le digan que su vida tiene un tiempo limitado y menos que el plazo será de menos de año y medio.

En ese momento se me pasó todo por la cabeza: ¿qué voy a hacer ahora?, ¿cómo decirle a la familia?, ¿cómo hacerlo feliz el tiempo que le quedaba?, ¿se podría alargar el plazo de vida o eran solo esos meses y ya? Y ni hablar de la angustia que me generaban los trámites legales, como organizar un funeral y todo ese tipo de cosas que uno piensa que son diligencias reservadas para adultos de la tercera edad. A mis 32 años estaba enfrentando una situación que me convertiría en viuda, una palabra que jamás había contemplado tan temprano en mi vida.

El duelo no comienza con la muerte; en mi caso y en el de muchas personas con las que trabajo, un proceso de enfermedad empieza desde el momento en que hay un diagnóstico. Todos vivimos los duelos de forma diferente; no hay un esquema en el que uno pueda ir tachando las etapas, que además no se ajustan a un orden específico. Hay quienes lo viven en silencio, otros entran en depresión, otros lloran, otros se aíslan y otros lo hacen de forma más tranquila. En mi caso, el mecanismo de defensa fue resolver, hacerme la fuerte y afrontar.

Desde la perspectiva psicológica, el duelo es el proceso al que nos enfrentamos después de una pérdida, y consiste en la adaptación emocional a este nuevo estado de ausencia. Los duelos se dan no solo por muerte, sino por la pérdida de cualquier objeto, relación o trabajo, o de algo que tenga una gran importancia para nosotros. Sin embargo, según los expertos en cuidados paliativos y tanatología, el duelo por muerte es el más relevante y el que más marca a quienes lo experimentan.

Según la teoría de las cinco etapas del duelo de la psiquiatra Elisabeth Kübler-Ross, quienes viven esta experiencia pasan por la negación, la ira, la negociación, la depresión y, finalmente, la aceptación. Las fases del duelo no son lineales, sino que cada quien las vive a su manera. A esto me atrevo a aportar que, definitivamente, no existe ni un tiempo ni una forma estricta de vivir el duelo. Cada quien vive este proceso de manera diferente, y llorar, sentir dolor o quizás estar desubicado es normal.

Vuelvo a la teoría de las cinco fases del duelo según Kübler-Ross:[21]

La negación: Es una reacción habitual inmediatamente después de la pérdida, que viene acompañada del *shock* o embotamiento emocional.

La ira: El fin de la negación va asociado a la frustración e impotencia por las consecuencias de la pérdida. Existen casos, según esta teoría, en los que la persona en duelo busca culpar a otros por la pérdida.

---

[21] Tyrrell *et al.* (2024).

La negociación: Se presenta cuando la persona intenta buscar soluciones a la situación, como, por ejemplo, en las etapas terminales, cuando los pacientes y sus familiares buscan alternativas, pese a saber que la enfermedad cuyo diagnóstico recibieron no tendrá cura.

La depresión: Es el momento en que se asume la realidad de la pérdida y entra la desesperanza, el aislamiento social y la falta de motivación.

La aceptación: Es la comprensión de que la muerte es un fenómeno natural de la vida humana y que es inevitable luchar contra ello. También se da cuando se entiende que se tendrá que seguir viviendo a pesar de la pérdida y se acepta el cambio. Pero, ojo: esto no significa que no siga presentándose tristeza y añoranza por el recuerdo de quien ya no está.

Cada quien maneja la situación de manera diferente. Yo, como buena periodista, por ejemplo, cuando recibí la noticia de la enfermedad de Edgardo, lo primero que pensé fue en cómo iba a dar la noticia. Me refiero a cómo le iba a informar a su hija y a su familia acerca de la situación; también, cómo iba a tomarlo su empleador, Telemundo, en donde él era la cara del noticiero de la noche. Lo último que hice fue pensar en mí, pues necesitaba resolver que todos a mi alrededor estuvieran bien y no fueran a verse afectados más de lo que ya estábamos. Con el paso de los días vino la incertidumbre: por parte de Edgardo había una negación del diagnóstico e insistía en que si le habían dado 11 meses de vida él viviría 11 años, idea que con el paso de las semanas se fue difuminando por la fatiga que conllevaban las quimioterapias y radioterapias. A los pocos meses de tratamiento, Edgardo solo quería dormir, pues su cerebro vivía muy cansado con los procedimientos.

Con el paso de los meses y mientras resolvía trámites con el abogado para redactar y organizar el testamento de Edgardo, mientras ordenaba todo lo que se venía, yo entré en una etapa de aceptación. No tenía más que aceptar la realidad de que mi esposo se estaba apagando día a día. Nunca me había enfrentado a algo parecido, menos con un tiempo que pasaba a mayor velocidad que nunca antes y en plena pandemia, y en la ciudad más golpeada de todo Estados Unidos, en donde ni siquiera podíamos tener contacto físico con nadie más que con los médicos.

Muy pronto llegó el mes doce de la enfermedad y el deterioro incrementó: ya no podía valerse por sí mismo para ir al baño, las convulsiones eran cada vez más frecuentes, tenía que usar bastón, y luego silla de ruedas, es decir, la enfermedad estaba llegando a su recta final, tal cual lo había pronosticado la neuróloga. En ese momento la aceptación de mi parte era mayor cada día. Sin embargo, la incertidumbre también incrementaba con el paso de los días, pues ya no estaba trabajando debido a su enfermedad, yo estaba completamente volcada a cuidarlo 24 horas al día y vivíamos de una liquidación que le había dado la empresa, pero las facturas médicas eran altísimas y seguían aumentando.

A comienzos de diciembre me dijeron que ya solo le quedaban unas semanas de vida, pues el tumor en el cerebro crecía y ya no había manera de detenerlo. En ese momento supe que la incertidumbre iba a terminar, pero comenzaría la siguiente etapa: afrontar la pérdida.

Si yo analizo mi situación de acuerdo con las fases que expuse hace un rato, en mi caso no hubo negación, sino que la negación vino de parte de Edgardo. Él no quería aceptar su condición y siempre tuvo la esperanza de vivir más, pero yo nunca sentí ira ni negación. Por el contrario, comencé a indagar qué hacer y cómo afrontar lo que se me venía encima. Empecé a trabajar con un experto en duelo y hacía terapia de respuesta espiritual y *thetahealing*, para comprender por qué mi alma había elegido este aprendizaje y, desde el amor, había tomado la decisión de acompañar a Edgardo a concluir su plan de vida como su esposa y compañera, pero no como su dueña ni su mamá.

Porque lo viví en sangre propia es que siempre insisto en que la teoría es buena, pero cada quien vive los procesos de manera distinta. Yo veo que mi duelo fue diferente y eso no quiere decir que esté bien o mal, simplemente mi situación fue distinta. Al igual que muchas personas a las que acompaño durante el duelo, algunas lo han vivido etapa por etapa en el orden en que aparecen descritas, pero otras no.

El día de la muerte de Edgardo fue un día de mucha angustia y, aunque contradictorio, a la vez, de paz. Él estaba convulsionando con mucha frecuencia y cada día dormía más; prácticamente no se despertaba ni siquiera para comer, por lo que teníamos que hidratarlo con algodones para que no se le resecara la boca. También lo alimentábamos con comida líquida, porque ya no podía masticar. Cuando su corazón paró de latir y descansó, la realidad es que todos descansamos. Recuerdo que hubo un gran silencio en mi casa, parte de mi familia lloraba, pero otros estaban atentos a mi reacción. Yo permanecí muy callada y expectante de que vinieran por el cuerpo, para no tenerlo ahí y sufrir más. Pasaron un par de horas y llegaron a recogerlo de la funeraria, donde sería cremado. Esa noche pude dormir, después de muchos meses en que no había logrado conciliar el sueño durante más que un par de horas. Irónico o no, ya él se había ido y yo necesitaba descansar, porque estaba completamente agotada.

Al otro día, cuando me levanté, sentí el vacío más horrible de mi vida. Tenía un hueco inexplicable en el estómago.

Durante su convalecencia nos habíamos aferrado mucho el uno al otro y ahora me levantaba sin él a mi lado. Ya no sonaban las alarmas para darle la medicina, ni tenía que bañarlo. Fue entonces cuando sentí el gran dolor de su ausencia. Inmediatamente, le dije a mi mamá que me ayudara a empacar sus pertenencias y a hacer unas bolsas para heredar algo de su ropa, enviarle a su hija en México otras pertenencias y lo demás donarlo a quien él me había pedido que lo hiciera. Se hizo su voluntad de principio a fin.

Como Edgardo era un presentador de noticias muy reconocido en Estados Unidos, comenzaron las llamadas y las entrevistas, y yo no tenía más remedio que arreglarme y salir a contar mi testimonio. Él siempre me pidió que diera esperanza y que contara lo linda que había sido nuestra historia de amor, para poder dar ejemplo a otros; y eso hice. Comencé una ronda de entrevistas y, en medio del dolor, salí adelante. Como era época de Navidad y mis papás estaban conmigo en Nueva York, organizamos todo para compartir con ellos, pasamos las fiestas junto a unos amigos en común y me mantuve distraída hasta el día en que me entregaron las cenizas y viajé a México a depositarlo en la iglesia del Pedregal, para que descansara junto a su padre. Ese fue el momento más duro, pues tendría que ver a su familia, que estuvo completamente ausente durante su enfermedad, pero que finalmente era su familia y yo no podía hacer más que cumplir con su voluntad: entregarle su cuerpo.

Regresé a Nueva York al día siguiente y comencé esa misma semana a trabajar en mis redes sociales y a ayudar a muchas personas que habían visto mi historia y que comenzaron a buscarme. Así fue como me convertí en quien soy ahora: una periodista experta en salud, nutrición y duelo, que lleva mensajes de resiliencia tras una gran pérdida.

La ruptura

Creo que otro de los dolores difíciles de afrontar es cuando termina una relación de pareja. ¿Te ha pasado que amaneces con un hueco en el estómago? Bueno, pues yo llamo a eso el dolor de la ruptura. Terminar una relación con una persona que uno ama es de lo más doloroso que podemos vivir. A mis amigas siempre les digo que prefiero un dolor de cabeza que un mal de amores, sobre todo porque uno no sabe cuánto tiempo va a tardar en superarlo.

Para los psicólogos, una ruptura supone una pérdida emocional y una adaptación a un nuevo entorno, por lo que muchos lo manejan a partir de las cinco fases de duelo que ya expliqué antes.

Cuando quedé viuda, hablé con una psicóloga y me dijo que en muchos casos era mucho más fácil conllevar un duelo por la muerte de una pareja que un divorcio, pues según ella, cuando la persona muere, el dolor queda pero el ego no se ve herido, mientras que cuando se termina una relación, el ego está dolido y está pendiente de si la otra persona va a encontrar una nueva pareja, y sigue pensando en qué está haciendo esa persona y qué será de su vida el día de mañana.

El abandono

En el libro *Elige no tener miedo,* de Gaby Pérez Islas,[22] hay una teoría muy interesante sobre el duelo y el abandono, algo que,

---

[22] Pérez Islas (2023).

a mi manera de ver, es lo que más resentimos a la hora de la pérdida. Gaby dice en su libro que de todos los miedos que puede llegar a sentir el ser humano, los más innatos son el miedo a caer al vacío, el miedo a los ruidos fuertes y el miedo al abandono. Todos los demás son construcciones mentales de lo que sentimos.

El miedo al abandono surge desde que somos niños cuando, por ejemplo, nos llevan a la escuela y no sabemos si nuestra madre regresará a recogernos. Y esto sigue sucediendo a lo largo de nuestra vida, cuando debemos separarnos de personas que queremos o que necesitamos. Para Gaby, el abandono no significa el fin de un ciclo, sino la renuncia, el alejamiento, dejar sin concluir algo que comenzó. En el caso de los niños, el miedo al abandono es normal, pues responde a un instinto de supervivencia. El niño no puede comer, no se puede vestir, y no puede cumplir y cubrir sus necesidades afectivas de supervivencia sin una madre o alguien que lo cuide.

En el caso de las relaciones sucede exactamente lo mismo. Muchas veces por miedo a ser rechazados y abandonados, aceptamos cualquier tipo de trato o terminamos en relaciones que nos hacen mucho daño. Por eso una ruptura amorosa nos afecta de manera muy honda, pues no sabemos manejar el abandono. Cuando se da una ruptura amorosa, lo que nos duele es el vacío en el que quedamos inmersos y el recuerdo del pasado. Te explico un poco mejor: cuando tu novio te dice que no quiere continuar la relación contigo y que a partir de ahora no van a seguir juntos, sumado al dolor del desprecio, lo más seguro es que este episodio te remita a algún episodio de la infancia que está grabado en tu subconsciente y que no has superado, como, por ejemplo, cuando tu papá se fue de la casa y te abandonó a ti y a tu mamá.

Existe otro factor importante que se le suma al abandono, y es algo que creo que es fundamental abordar en cualquier tipo de duelo: el manejo de la codependencia y el apego.

La codependencia es un problema emocional que se caracteriza por una *dependencia afectiva obsesiva hacia otra persona, sustancia o vicio*. Una persona codependiente tiene una obsesión y compulsión por controlar al otro de forma inconsciente, ya sea a su pareja o, por ejemplo, al alcohol y/o las drogas. La persona codependiente busca siempre solucionar la vida del otro con tal de no ser abandonado y relega sus necesidades a un segundo plano con tal de reforzar su valía. Incluso, a veces, es capaz de caer en el chantaje y el agotamiento.

Recuerdo haber leído en el libro *Te amo... pero soy feliz sin ti*,[23] de Jaime Jaramillo, conocido como "Papá Jaime", que lo más complicado para el ser humano es el apego afectivo, pues nos convierte en prisioneros. Esto ocurre desde que somos niños, cuando estamos con nuestra pareja y cuando le damos el poder personal a otra persona. Es importante que revises cuántas veces has dicho: "No puedo vivir sin ti", "Me muero si no estás", "Mi vida depende de mis hijos", etc. Creo que es algo común, pero que nos afecta muchísimo y no permite que nuestro duelo sea más llevadero. Incluso me atrevería a decir que a veces generamos más codependencia de lo normal y esos apegos son los que no nos permiten superar una ruptura, un cierre de ciclo y la muerte de un ser querido. Como dice Gaby Pérez, amar a alguien y terminar una relación o verla morir no debe ser nunca un impedimento para seguir adelante sin esa persona. Siempre debemos continuar con el corazón y la frente en alto, para permitir que no solo lleguen más personas a nuestra vida,

---

[23] Jaramillo (2016).

sino para no frenar nuestra existencia y quedarnos congelados en un momento.

El cierre de ciclos

Esto ya lo expliqué en párrafos anteriores. El duelo no solo ocurre cuando muere alguien o cuando terminamos una relación, sino también cuando tenemos que abandonar el país en el que crecimos, cuando terminamos un ciclo laboral o cuando ponemos fin a una amistad.

Algo que llama mi atención es el peso que tiene el trabajo en la vida de muchas personas. Eso no quiere decir que el trabajo no sea algo muy importante en nuestra vida: vivimos en un sistema capitalista que nos exige generar ganancias para poder vivir, y así es y está bien, pero sí siento que en los últimos años la presión y la preponderancia del trabajo en nuestra vida, como sociedad, ha aumentado. Creo que tras la pandemia dejamos de tener horario laboral y nuestra vida se convirtió en trabajar, trabajar y trabajar, y es por eso que cuando nos despiden del trabajo o cuando terminamos los años laborales y nos jubilamos, muchísima gente entra en depresión y siente que su vida deja de tener sentido. Es más, yo creería que uno de los grandes retos de los humanos es ver en qué se van a ocupar el día en que terminan su ciclo laboral, que por lo general es entre los 60 y los 75 años, pues la mente que estuvo acostumbrada a estar ocupada por tanto tiempo de un momento a otro deja de estarlo.

Hace unos años, cuando trabajaba como presentadora de noticias en Miami, recuerdo que llegó el momento de que un presentador de televisión, de una cadena diferente de la mía, se iba a jubilar. El señor ya tenía más de 70 años y seguía presentando las noticias, hasta que el canal decidió que era el momento de terminar su ciclo. Su vida había sido esa, pues presentó las noticias durante casi 50 años. Vivía y respiraba periodismo, estaba acostumbrado a la adrenalina de la labor. Pues resulta que, a los pocos meses de jubilarse, falleció; algunos aseguraban que había sido por pena moral y otros decían que la causa fue una condición cardiaca. El caso de este hombre siempre se me viene a la cabeza, pues me sorprendió mucho saber que alguien, que por fin iba a descansar después de tantos años de trabajar durante largas jornadas y que podría dedicarse a vivir con más calma, murió tan pronto dejó de trabajar. Este es un caso claro de codependencia y apego de esta persona a su cargo y que no pudo dar con éxito el cierre de ciclo, pues su anhelo por seguir trabajando era demasiado grande. En lugar de que su jubilación fuera un momento de descanso y gloria, se convirtió en una frustración.

Veo que en diferentes industrias ocurren situaciones como esta en el ámbito laboral. Existen muchas personas que olvidan que su identidad no es su cargo o la labor que desempeñan. Es el caso de Catalina, una reconocida banquera de uno de los principales centros financieros en Estados Unidos. Cuando la conocí, tenía un cargo ejecutivo muy alto y 20 personas a cargo. Luego quedó embarazada, de alto riesgo y con varias complicaciones, por lo que su esposo le pidió que renunciara y se dedicara al bebé. Sin embargo, ella no quiso dedicarse solo a la crianza y decidió continuar con su trabajo al terminar la licencia de maternidad. Pasaron unos meses y comenzó a tener unos dolores de estómago insoportables. Aunque fue varias veces al médico, este no lograba identificar lo que estaba sucediendo, hasta que finalmente terminó ingresada de urgencia en el hospital y descubrieron que tenía una enorme masa maligna en el útero. Ante este panorama recibió una incapacidad de varios meses, pues debía llevar a cabo un tratamiento médico delicado para superar la situación. A su regreso, los directivos de recursos humanos le plantearon un paquete de retiro, pues la persona que la había reemplazado, quien además era más joven, había hecho una excelente labor durante su ausencia. Esa noticia le generó el dolor más grande que hubiera sentido jamás. En un principio estuvo en negación ante la noticia que le estaban dando, luego se llenó de rabia contra la empresa e intentó negociar para que no la despidieran, pero al ver que nada resultaba exitoso, aceptó el paquete y dejó de trabajar.

Llegó a terapia conmigo por su condición médica, que comenzamos a evaluar de raíz. Me encontré ante una mujer que se negaba a aceptar que ya no era la banquera gerente de una sucursal, sino Catalina, una esposa, una madre y una mujer llena de juventud que necesitaba salir adelante. Durante nuestras conversaciones siempre regresaba a querer hablar del cargo que había tenido y de su historia laboral, pues había trabajado en ese banco desde que era muy joven. Ella se definía por su cargo, y estar ahora en la casa cuidando de su salud, su esposo y su hija le costaba muchísimo trabajo. Siempre había sido una mujer independiente, y pensarse ahora como dependiente de su esposo y con una condición médica le estaba trayendo muchos problemas en su proceso de recuperación. La tenía derrotada. Era claro que estábamos ante un duelo laboral, algo que ella ni siquiera sabía que existía, pues siempre había pensado que ese proceso solo se presentaba en el caso de las muertes y el fin de las relaciones. Le expliqué que estaba pasando por las cinco fases del duelo y que era momento de aceptar su realidad para poder avanzar, pues mientras no se acepte lo que está pasando, avanzar es imposible.

Como el ejemplo de Catalina, podría quedarme capítulos enteros hablando de los duelos laborales y la resistencia que sentimos a la hora de salir de un cargo. Creo que aquí hay un papel extra al de las relaciones y es el papel del ego, pues muchas veces nos pensamos como título del cargo laboral que tenemos y olvidamos que somos nosotros mismos y no lo que hacemos. Eso sucede a todo nivel y en cualquier tipo de trabajo. Manejar el duelo, sumado al dolor por el golpe que recibe el ego, es algo bien complicado, pero es fundamental hacerlo porque si no se logra a tiempo, de ahí no se sale. En muchos casos, la persona termina enferma y pierde su sensación de valía. La gente que pasa por este tipo de duelo genera en su cabeza una imagen irreal de sí misma, siente que ha fracasado, ya no se siente valiosa para la sociedad y, así los demás sigan percibiendo su integridad y valor, el dolor no la dejará verse como realmente es.

Amor narcótico

No sé si alguna vez has conocido a una persona con la que te embarcas en una relación que sabes que no te traerá nada bueno, pero te cuesta dejarla ir. Es posible que hayas visto a algún amigo o amiga sufrir porque su relación está llena de discordancias, problemas y sufrimiento, y no entiendes por qué sigue insistiendo. Pues bien, a esto yo lo llamo amor narcótico y es el tipo de relación que se convierte en una droga para los implicados, en la que el sufrimiento se convierte en la emoción principal de la relación, y las peleas, los problemas y la violencia física y emocional constituyen la columna vertebral del vínculo entre los dos. Es un amor narcótico, un amor tóxico.

Amor u odio

Existe un dicho popular que afirma que del odio al amor hay un solo paso, o viceversa. Lo que es peor: en varias ocasiones he escuchado a personas decir: "No sé si lo que siento por mi pareja es amor u odio". Lo cierto es que ambas emociones son opuestas y podríamos decir que se encuentran en extremos diferentes una de la otra, como lo están a la vez la felicidad de la tristeza, entre otras. A esto se le llama ambivalencia emocional o afectiva, y en ella se experimentan impulsos opuestos, como la atracción y el rechazo hacia una misma persona.

Leí un artículo de Nahum Montagud Rubio, psicólogo de la Universidad de Barcelona, en el que explica de una manera muy clara que la ambivalencia afectiva es un estado emocional compuesto por sentimientos contrarios, algo que podríamos pensar que es normal y natural en los seres humanos, pues cuando enfrentamos una realidad compleja, se despiertan emociones negativas y positivas a la vez.[24] En su artículo expone un ejemplo muy claro que es el de la madre que acaba de dar a luz y, pese a que ama a su bebé, el dolor físico y todo lo que este cambio de vida implica lleva a que sus emociones se vean alteradas y, en muchos casos, puede suceder que la madre rechace al bebé tras el nacimiento.

En el caso del amor sucede algo parecido: la persona siente atracción y repulsión a la vez. Así como ama unas características de la persona, odia otras. Esto hasta aquí podría sonar normal, pues, por ejemplo, puedes amar la dulzura de tu pareja, pero no te gusta su sentido del humor o la forma en que camina, por decir cualquier cosa. Esto vendría siendo una situación normal. Sin embargo, en relaciones de amor y odio, en las que se vive un amor profundo y luego un desprecio profundo, hay que prestar mucha atención, pues se entra con facilidad en ciclos tóxicos, en los que sus miembros conviven entre conflicto y reconciliación permanente, y esto nunca es sano. Además, termina siendo desgastante para los implicados.

Ya sabes que no soy psicóloga, pero si algo he aprendido al estudiar este tema, dándole además una connotación desde la

---

[24] Montagud Rubio (2021).

biosanación emocional, que va a la raíz de las emociones, y desde la terapia espiritual, es que esta situación ambivalente entre el amor y el odio tiene mucho que ver con la infancia y con los recuerdos que tienen las personas sobre su pasado. Te voy a poner un ejemplo. Conoces a un hombre guapo, lo ves y te recuerda al primer amor que tuviste en el colegio y que te traicionó. Por más que trates de enfocarte en lo atractivo e intentes darte la oportunidad de conocerlo, si esta persona tiene cualidades parecidas al primer novio por el que sufriste, inconscientemente te remitirá a una rabia que aún no has sanado. Creo que esto también sucede a la inversa, cuando conocemos a alguien que nos remite a pensamientos lindos de una persona del pasado. La prueba clara está en que solemos buscar a un tipo de hombre que se parece a nuestro padre o a una expareja que recordamos con mucha ilusión.

Lo cierto es que, como todo en la vida, mientras nuestra atracción no se convierta en algo obsesivo o nos afecte, no debería haber problema. Sin embargo, este aparece cuando las personas ambivalentes llegan a ver su autoestima lastimada, su capacidad para decidir afectada y un gran desespero, pues sentir dos emociones al mismo tiempo no permite mantener un equilibrio emocional. En esta situación a muchos les pasa que comienzan a desconfiar de sí mismos, pues no están seguros de poder dejar de sentir X o Y sentimiento, lo que les genera ansiedad e incluso soledad por miedo a no saber manejar sus emociones.

Entonces, ¿es normal sentir ambivalencia emocional en las relaciones? ¿Es normal amar y al mismo tiempo odiar a tu pareja? En una entrevista para W Radio en México,[25] Mario Guerra, tanatólogo y conferencista, aseguró que sí es normal, pues las relaciones no son cuentos de hadas. En ellas se presentan

---

[25] Debayle (2023).

conflictos porque la naturaleza humana es compleja y tenemos emociones y pensamientos que fluctúan. La clave está en que, siempre que haya ambivalencia, se pueda trabajar con la pareja en la aceptación, el diálogo, la paciencia y la comprensión. Asimismo es importante entender que aunque la ambivalencia sea una parte natural de las relaciones humanas, si se convierte en una constante en la que ambas partes están en conflicto permanente y la calidad de la relación se ve afectada, es mejor trabajar con un especialista para que la brecha no aumente y los problemas se superen a tiempo.

Conocí a Denise por medio de una amiga que la remitió a mi terapia de emociones, pues tenía unos dolores de cabeza muy fuertes y había leído mi segundo libro, *Que tu vida no sea un dolor de cabeza*.[26] Al inicio de la sesión me pareció una mujer encantadora y superenérgica, estaba muy interesada en lo que encontraríamos a partir de la terapia. Al contrario de lo que yo pensaba, era una mujer muy dulce y sencilla, algo que me sorprendió, pues mi amiga me la había descrito como una persona muy rígida. Ya he dicho que esa es una característica muy común en quienes sufren de dolores de cabeza y de migrañas. Denise tenía una relación desde hacía 2 años con un hombre 15 años mayor que ella. Desde que empezamos a hablar me dijo que estaba perdidamente enamorada de él, pero que también lo odiaba porque no quería divorciarse de su esposa y poder estar con ella. Aquí apareció el primer problema, Denise tenía una relación con una persona que no estaba disponible emocionalmente. Pese a que en mis terapias no juzgo y veo a todos los que vienen a mi acompañamiento de una manera neutral, pienso que esto era un problema, pues su novio no era una persona libre y era lógico que estábamos ante una relación discordante, en

[26] Novoa y Bello, *op. cit.*

la que ella tenía la ilusión de que su pareja se divorciara y él en cambio quería permanecer casado, pues le temía a la pérdida de prestigio social y a las consecuencias económicas que le traería un divorcio.

Cuando le pregunté a Denise por qué lo odiaba, además de responderme que por el hecho de que seguía casado, me dijo que le hacía promesas que nunca cumplía. Le planteé lo que pensaba, que creía que los dolores de cabeza estaban relacionados con su patrón de pensamientos repetitivos ante la duda constante por saber si ese divorcio iba a llegar algún día. También fui muy honesta y le compartí que la gente nos hace daño hasta donde la dejemos, pues los límites los debemos establecer nosotros. No podemos pretender que nos respeten si no exigimos respeto; tampoco podemos quejarnos si la contraparte ya nos dejó claro que no tiene intenciones de hacer algo que le hemos pedido, en este caso, divorciarse. Tras hablar de lo negativo, le pedí que me contara acerca de lo positivo que tenía su pareja y la razón por la que seguían juntos. Me dijo que era un hombre muy tierno y amoroso, y que la apoyaba económicamente en el pago de su renta, su auto y el mercado. Es decir, Denise estaba ante una situación mucho más compleja de lo que pensaba, pues, además de amar a ese hombre, lo necesitaba en su vida. Cuando se genera una dependencia económica es mucho más difícil terminar la relación. Tras hablar durante una hora con Denise, ella misma me dijo: "Mi dolor de cabeza es porque vivo pensando todo el tiempo en cuándo llegará el momento en que Arturo se divorcie. ¿Será que estoy perdiendo mi juventud y el tiempo con alguien para quien no soy prioridad? ¿Cómo me desprendo de él si dependo económicamente de su ayuda?". Era una situación compleja en la cual yo estaba segura de que más allá de su alimentación y estilo de vida, lo que la tenía con esa migraña era su relación.

El de Denise es un claro ejemplo de ambivalencia y codependencia afectiva. Una persona que está enamorada de su pareja y, sin embargo, la odia porque no la pone en primer lugar. Su relación ya no solo estaba afectando su día a día, sino que le generaba unos dolores de cabeza que la tenían incapacitada y llena de medicinas para poder controlarlos.

Son cientos los casos que he tratado en los que la ambivalencia se convierte en un círculo tóxico en el que las personas aman, perdonan, regresan, se odian, y así sucesivamente. Y aquí es donde quiero compartirte el patrón que yo he encontrado en todas estas historias: no hay límites. Nos cuesta poner límites por miedo a que nos dejen, no ponemos límites por miedo a quedarnos solos, no somos capaces de dejar claro hasta dónde estamos dispuestos a soportar, porque pensamos que somos capaces de soportarlo todo. Entonces, la enfermedad nos toca a la puerta con algún tipo de dolor, en este caso de cabeza, para que nos demos cuenta de que amar y odiar al tiempo solo nos lleva a un callejón sin salida que no se abre sino hasta que alguno de los involucrados tome la decisión de irse o de cambiar su manera de actuar por siempre. En el caso de Denise, Arturo tenía que divorciarse o ella finalizar la relación; mientras esto no sucediera, seguiría patinando en el mismo lugar sin avanzar. Seguramente sus dolores de cabeza no desaparecerán hasta que ella tome una decisión al respecto.

El amor ciego

No sé si recuerdas la película *Amor ciego*, que se estrenó en el 2001 en cines y es protagonizada por Gwyneth Paltrow. En ella, un hombre que solo sale con mujeres bellas es hipnotizado por un gurú que logra que sea capaz de ver solo la belleza interior. Después, el protagonista se enamora de una mujer obesa, a quien ve como una mujer flaca y hermosa. Durante toda la película vemos el desenlace de su relación. Él es el único que la ve bella y delgada, y —no nos digamos mentiras— está claramente enamorado de ella porque la ve así, mientras que los demás la juzgan de entrada por ser como es (así no la conozcan). Aunque sé que vista con los lentes de hoy la película es tremendamente gordofóbica, creo que es un buen ejemplo para explicar lo que entendemos todos por amor ciego: un amor en el que no le vemos los defectos al otro y estamos enceguecidos por el amor, gracias al cual todo es lindo y hermoso.

Creo que a todos nos ha pasado que tenemos una amiga o un amigo que nos describe a su pareja como hermosa y perfecta, y cuando la conocemos nos damos cuenta de que es normal y no particularmente espectacular ante nuestros ojos. A mí, como mujer, me pasa muchísimo. Mis amigas, cuando comienzan a salir, describen al hombre nuevo como si fuera un actor de Hollywood, pero cuando lo conozco pienso: pero ese hombre tan normal... No crean que solo me fijo en lo superficial. No, para nada. Lo mismo me pasa cuando alguna amiga o amigo trata de justificar los actos agresivos de su pareja hacia ella o él. En fin, el amor ciego sí que existe y creo que todos hemos sido testigos de ello. Cuando uno está enamorado, no tiene ojos para nadie más, y solo ve todo lo hermoso de esa persona.

Hay una frase de Jacinto Benavente[27] que me parece muy interesante para este apartado del libro: "El amor lo pintan ciego

---

[27] Jacinto Benavente Martínez fue un dramaturgo español que inició una profunda renovación en el teatro en castellano. Ingresó en la Real Academia Española en 1912 y en 1922 fue galardonado con el Premio Nobel de Literatura.

y con alas. Ciego para no ver los obstáculos y con alas para salvarlos". Creo que esta frase va de la mano con la teoría psicológica sobre el amor ciego, en el que lo que hacemos es crear una especie de reflejo distorsionado en nuestra mente, gracias al cual idealizamos a la pareja y exageramos sus cualidades. Pero hay un punto importante que quiero mencionar sobre esta idealización: al hacerlo, muchas veces terminamos poniéndonos en segundo plano, subestimándonos por idealizar y enaltecer al otro. Sigmund Freud, por ejemplo, aseguraba que esta idealización del otro consiste en subestimarnos a nosotros mismos o darle demasiado valor al otro para atenuar nuestras angustias.[28] Esto también viene a ser un problema, pues cuando entregamos todo lo que tenemos a los demás, quedamos desprotegidos y comenzamos a vivir en función del otro, olvidándonos de nosotros mismos.

En un artículo publicado en una revista de neurobiología, titulado "*The neurobiology of love*",[29] Semir Zeki explica que cuando una persona se enamora, grandes partes del cerebro se activan, pero otras como los lóbulos frontales encargados del autocontrol, las valoraciones y los juicios disminuyen su actividad. Es por esto que, cuando nos enamoramos, la capacidad de crítica hacia la otra persona, el foco de nuestros afectos, disminuye, no así hacia los demás. Este estado se vive durante la etapa de enamoramiento y pasión, pero luego desaparece cuando la relación toma un rumbo más calmado o más estable. Lo interesante del estudio es que, según la neurobiología, este tipo de amor ciego no solo ocurre en la pareja, sino que se experimenta también en el amor de madre: la mamá es capaz de ser crítica con el comportamiento de otros niños, pero no siempre con

[28] Martin (2015).

[29] Perel (2017).

el del propio. Este cambio está relacionado con las variaciones químicas que tiene el cerebro, y que he mencionado a lo largo del libro, pues hay un incremento de dopamina y serotonina, encargadas de ayudar a establecer la atracción interpersonal, de activar las áreas relacionadas con la recompensa (algo similar a lo que ocurre en el cerebro de las personas que sufren una adicción), pero a su vez de disminuir las emociones negativas y la capacidad de ver lo negativo de las situaciones. Por eso, cuando estamos enamorados, todo es bello y ninguna situación nos incomoda: estamos en un estado de idealización.

Entonces, ¿es malo enamorarnos ciegamente? ¿Todos nos enamoramos ciegamente? ¿Estar enamorados implica que nos olvidemos de nosotros mismos? La respuesta es no. Estar enamorado, ver al otro más bello de lo que quizás es y resaltar sus cualidades es algo superimportante y nada tiene de malo, pues precisamente por eso nos enamoramos de una persona. El problema aparece cuando lo hacemos tan perdidamente que olvidamos que el mundo existe y ponemos al otro por encima de nosotros. Si bien es normal amar al otro por encima del amor que sentimos hacia los demás, lo que no es normal es amar al otro más de lo que nos amamos a nosotros mismos, y olvidarnos de dónde venimos y quiénes somos.

Por un amor obsesivo me perdí

En algún momento de la vida, todos, sobre todo en la juventud, hemos fantaseado con un amor inalcanzable. Soñamos con el actor, la actriz, el modelo, la vecina o cualquier otra persona que ante nuestros ojos es espectacular, perfecta, pero inalcanzable. Hasta acá es un tema normal y algo que seguramente tú, igual que yo, hemos vivido en algún momento. El problema comienza cuando esta fijación amorosa se convierte en una obsesión.

Nicolás era un hombre casado y con dos hijas que vivía una vida aparentemente común. Sin embargo, nunca se imaginó que su obsesión por una mujer iba a arrasar con todo. Conoció a Catalina, la novia de su amigo Marc, durante una reunión para ver un partido del Super Bowl, y quedó flechado de inmediato. Me contó que apenas la vio entrar, con un abrigo negro y el pelo liso y largo, se enamoró. Fue una situación tan rara e incómoda para él, ahí en su casa, donde vivía con su familia, que apenas la saludó debió excusarse y subir a su habitación para recomponerse, porque había quedado azorado.

Aunque ese día interactuaron poco, pues estaban todos juntos en la sala viendo el partido y ella no se separó de su novio en ningún momento, Nicolás quedó convencido de que ese flechazo había sido mutuo, pues notó que ella lo miraba de vez en cuando. El tiempo se le pasó volando, pero Catalina no solo había dejado encantado a Nicolás: su esposa y sus hijas también sentían fascinación y una vez se fueron los invitados no hicieron más que hablar sobre ella, de lo hermosa y dulce que les había parecido.

Catalina vivía en San Francisco, California, y viajaba los fines de semana a Los Ángeles para estar con Marc. Nicolás no sabía cómo hacer para volver a verla, porque las veces que le propuso a Marc que se reunieran para compartir en familia, ellos tenían otros planes. Además, su amigo no hacía más que hablarle acerca de lo enamorado que estaba de su novia, a quien consideraba la mujer más dulce, buena y sensual que había conocido, y que planeaba proponerle matrimonio.

Nicolás comenzó a seguirla en redes sociales y a contactarla por mensajes directos. Pero ella, que también era abogada como

Nicolás, vivía muy ocupada y, aunque le contestaba los mensajes, solo lo hacía con respuestas cordiales. Aun así, comenzaron a relacionarse así. A él le llamaba la atención que ella nunca le hablara de Marc en sus conversaciones, pero también es cierto que las interacciones no contenían coquetería por parte de ella, lo que lo confundía mucho. Era una mujer hermética y él no se atrevía a decirle demasiado, pues no sabía si ella le contaría a Marc y eso pusiera en peligro su amistad.

Pasaron los meses y Marc y Catalina se comprometieron, y a las pocas semanas se casaron. Nicolás y su familia fueron invitados a la boda. Todo se mantuvo en calma hasta que Catalina contactó a Nicolás para que le ayudara a conseguir trabajo en Los Ángeles. A él se le iluminaron los ojos y le saltó el corazón, pues sintió que esta sería la oportunidad perfecta para acercarse a ella y, por fin, conquistarla. Tanto así, que le ofreció trabajo en su misma oficina.

Al trabajar juntos, los días se volvieron inllevables para él. Su obsesión por ella escalaba al nivel de incluso quedarse horas extra para esperar a que ella terminara su trabajo. Era tal su fijación, que en ningún momento pensó en lo que significaría para su familia. Un día, después de otra jornada innecesariamente larga a la espera de estar un rato a solas con ella, le declaró su amor y ella le respondió con un beso, y así comenzó el romance.

Pero estar con ella tampoco le quitó la angustia, pues ella era ciclotímica con él, había días en que ni lo determinaba y otros en que era dulce y cariñosa. Cuando estaba de buen ánimo, se iban juntos a un hotel cercano y pasaban horas en la cama. Después de unos meses Catalina comenzó a exigirle a Nicolás, no solo que se divorciara, sino que le diera dinero. Y él, enloquecido, estaba dispuesto a cualquier cosa con tal de seguir con ella. Así que, además de empezar a pasarle 5000 dólares mensuales

—para gastos suntuarios como vestidos, manicuras, spas y otros lujitos—, le pidió el divorcio a su esposa. Ella, muy confundida, no entendía lo que estaba pasando, porque no se había dado cuenta de que su esposo tenía una amante, y mucho menos que su relación iba en declive, porque Nicolás no había mostrado señales de que algo estuviera mal con la relación. Además, la esposa de Nicolás había dejado de trabajar hacía tiempo para criar y cuidar a las niñas.

Por su parte, Catalina no daba señales de irse de su casa o de querer terminar con su matrimonio, aunque cada tanto le prometía a Nicolás que lo haría más adelante. La soledad comenzó a subirle pierna arriba a Nicolás. No solo se le hacía cada vez más difícil sacar tiempo de su horario laboral para estar con Catalina, porque no podían levantar sospechas, pues ella seguía casada, sino que sus hijas no quisieron verlo los fines de semana, pues además de no entender lo que pasaba con su papá, estaban furiosas de que se hubiera ido de la casa de un momento a otro.

Él estaba convencido de que su relación ideal con Catalina comenzaría en cualquier momento, que vivirían juntos por siempre, pero mientras esperaba que se le hiciera el milagrito, seguía pasándole plata y, con una demanda de divorcio y otra de alimentos a cuestas, había perdido el 50% de sus pertenencias y debía pasar una pensión mensual para sus hijas. Y mientras él vivía en un apartaestudio, Catalina "posteaba" fotos de sus viajes con su esposo.

Así pasaron cerca de 2 años, hasta que un día Nicolás fue ingresado al hospital por un infarto agudo del miocardio. Había dejado de comer bien y estaba aferrado al alcohol. Vivía solo, en un apartamento ínfimo y que nunca limpiaba, pues no le veía sentido a su vida si no estaba Catalina.

Nicolás llegó a mi terapia remitido por una paciente mía que era su amiga. No era la única amiga que estaba preocupada por él. Cuando lo vi por primera vez tenía la mirada perdida y solo hablaba de Catalina, seguía obsesionado con ella y no la bajaba del pedestal. El amor que sentía era tóxico, porque además de enfermarlo lo había llevado a perder todo. Literalmente la fijación con Catalina lo llevó a enloquecer. Y cuando hay este tipo de toxicidad, ¿se puede hablar de amor? Lo que mostró Nicolás fue una falta profunda de responsabilidad afectiva, y de personalidad y autoestima.

Nicolás continúa en terapia y aunque su progreso le ha costado muchos aprendizajes, sigue comprometido con su proceso. Esto es algo que valoro mucho en los hombres que buscan mi acompañamiento emocional y es que, cuando se comprometen, la mayoría de las veces lo hacen hasta que salen adelante. Casi nunca abandonan su proceso.

El amor de los amantes

Dicen por ahí que lo prohibido es lo más llamativo para los seres humanos, pues la adrenalina por lo escondido y lo difícil lo convierte en un reto. Y a muchos les gustan los retos.

Con "el amor de los amantes" me refiero a las relaciones alternas o aventuras ocasionales que algunas personas tienen por fuera de su noviazgo o matrimonio, cuando no hay acuerdos entre la pareja para tener una relación abierta o poliamorosa. Es decir, cuando estas relaciones constituyen una infidelidad. Entre las causas por las cuales una persona decide tener un amante podríamos enumerar la falta de amor, el descuido por alguna de las dos partes en la relación, o simplemente que esa persona se ve atraída por alguien distinto a su pareja oficial. Sin embargo, existen teorías, como la de Esther Perel, psicoterapeuta y experta en relaciones de pareja, que en su libro *El dilema de la pareja*[30] asegura que la infidelidad tiene algo que enseñarnos acerca de nosotros mismos y que en muchos casos el adulterio puede rehacer las relaciones, pues quizás la aventura hace parte del deseo de redescubrirse de la persona que es infiel. Para Perel, las aventuras extramatrimoniales o fuera de la pareja formal hacen que la persona implicada sienta cierta euforia o adrenalina por el episodio vivido. Es más, asegura que la mayoría de los pacientes que atiende son infieles ocasionales y que existen múltiples factores que los llevan a comportarse así.

Desde que me dedico al manejo de las emociones he sido mucho más cuidadosa al fijarme en qué es lo que sucede con las relaciones alternas y la infidelidad. Crecí en una familia en la que mi papá y mi mamá nunca han tenido, en más de 40 años de casados, ningún problema de infidelidad; sin embargo, lo veía en otros familiares, en familias cercanas y pensaba que quizás esto era normal. Uno escucha mucho que los papás se divorcian por infidelidades, pero lo que nunca hace es centrarse en indagar qué es lo que sucede y por qué sucede. El hecho es que, como terapeuta, cuando alguien llega a mi consulta, por lo primero que pregunto es por su bienestar emocional y su relación de pareja, y así comprender en qué ambiente se mueve y qué tipo de creencias tiene. Para mi sorpresa, la gran mayoría de las personas que atiendo tienen o han tenido algún tipo de aventura amorosa alterna a su relación. Además, aunque la creencia popular y nuestra cultura nos quiera hacer creer que esto es un tema que concierne solo a los hombres y que los infieles son ellos, la realidad es que las mujeres también lo son. Cuando les pregunto por las razones detrás de este comportamiento,

---

[30] Perel, *op. cit.*

algunos justifican que después de cierto tiempo con su pareja, la monotonía se asienta y por eso se ven tentados a buscar aventura en otra parte. Otros insisten en que tener una aventura los hace sentirse vivos, pero que por nada del mundo dejarían a su pareja actual, y también están quienes se arrepienten y se sienten culpables por lo vivido.

En este capítulo no quiero entrar a juzgar y mucho menos a dar un sermón moralista, pero lo que siempre me viene a la cabeza es: ¿Por qué, si no estamos seguros de la pareja con la que estamos ni de nuestras elecciones, permanecemos en una relación que ya no nos llena? ¿Por qué nos cuesta ser honestos o al menos comunicarle al otro lo que sentimos? Creo que si hubiera más comunicación, los casos de infidelidad serían menos. Según Perel, la infidelidad no ocurre solo en relaciones que están fallando, sino también en relaciones felices en las que las aventuras les permiten a las personas reconectar con partes perdidas en ellos mismos.

Partamos de la definición de infidelidad de la mayoría de los psicólogos: es cuando una pareja incumple una promesa, deja de ser confiable e irrespeta los acuerdos. Hay quienes aseguran que la infidelidad se ha propagado por las redes sociales, los correos electrónicos y en general por los avances en comunicaciones que existen hoy en día, pero yo pienso que no es que la infidelidad vaya en aumento, sino que hoy en día se descubren mensajes en los chats, la gente se envía emojis y hay intercambio de correos electrónicos, además de evidencia de fotos y videos, que dejan un rastro fácil de seguir, y eso es algo que antes no pasaba con tal facilidad.

Pero no nos digamos mentiras: la infidelidad y los modelos de relación amorosa en los que hay más de dos personas han existido siempre, solo que antes no se hablaba de eso por cultura, tabú o religión, o simplemente no se tenían las herramientas que hoy en día permiten descubrir cómo viven y qué piensan los demás, gracias a los avances tecnológicos. De igual manera, hoy vivimos en un mundo con una visión más abierta hacia las relaciones sexuales. El sexo ya no es solo de carácter reproductivo, también es recreativo. Además, cada vez más parejas viven juntas antes de casarse. Es decir, con el paso del tiempo y el ritmo de la vida, las situaciones han cambiado y los escenarios también.

No sé si te pasa igual que a mí, pero cuando pienso en una relación de amantes la primera palabra que se me viene a la cabeza es: pasión. Esta es una palabra que comprende una emoción y un sentimiento muy intensos, gracias a los cuales una persona da todo de sí y se siente eufórica. Por ejemplo, existen personas apasionadas por el deporte, otras por el trabajo, pero aquí hablaremos de la pasión sexual y esa atracción que se tiene por otra persona. En las relaciones de pareja es normal que cuando se está en proceso de conocer a alguien haya curiosidad y deseo por descubrir al otro. Todo en ese momento es nuevo y la adrenalina está a flor de piel, pero, con el paso del tiempo, y como lo expliqué en capítulos anteriores, la rutina y el amor se van transformando. No podemos olvidar que todo en la vida necesita mantenimiento, y si en el día a día no nos esmeramos por sorprender al otro y por darle lo mejor de nosotros, la relación se apaga y se marchita. Conozco muchísimas parejas que después de 10 o incluso 20 años de relación siguen felices, enamoradas, y cuando les pregunto por la clave de su éxito, siempre aseguran que cuidarse, consentirse y mantener la llama de la pasión viva es sumamente importante para que la relación perdure en el tiempo.

¿Que si tener amante es bueno o malo? No soy quién para dar esa respuesta. Cada quien tiene su respuesta a partir de su historia de vida y el sistema de creencias en el que creció. Lo que creo que sí es básico es el respeto a los acuerdos que hay en cada relación, que los negocia la pareja y que deberían cumplirse como se hace con las normas establecidas en una empresa y las leyes establecidas por cualquier Estado.

Quiero terminar este capítulo contándote la historia de Margarita, una mujer que conocí por razones de trabajo y quien se convirtió en una gran amiga mía. Margarita vivía en Miami desde hacía dos años, pues había tenido que salir de Venezuela por razones de seguridad. En su país trabajaba en un canal de televisión como conductora de un programa de entretenimiento y era bastante reconocida, pero en Miami tuvo que volver a comenzar su carrera. En los corredores se decía que su profesión se la debía al dueño de otro canal de televisión, que, según los chismes, la había forjado como presentadora y era su amante desde hacía muchísimos años. Incluso había rumores de que el hijo era de él y no del conocido padre, un actor de la televisión.

El hecho es que a ella no se le conocía ninguna pareja oficial, lo que era extraño, pues era una mujer joven y hermosa. Muchos hombres la pretendían, pero ella no se "enseriaba" con ninguno. Cuando me hice su amiga, estaba pasando por un momento muy difícil, pues se había enterado de que Javier, su amante, tenía otras dos novias (también presentadoras ambas) y que ella no era la única mujer de este hombre, además de su esposa. Su reacción inmediata fue llamarlo y reclamarle, algo que él intentó calmar enviándole regalos y asegurándole que esas mujeres le coqueteaban para poder trabajar en su canal, pero que en realidad él no tenía nada serio con ninguna de ellas. Pese a que Javier era entre 20 o 30 años mayor que ella, Margarita me decía que el sexo y el amor que recibía de parte de él eran únicos; que ella nunca se había sentido como con él y que estaba perdidamente enamorada, así se rumorara que tenía otras mujeres.

Unos meses después, él comenzó a enfermarse, perdía mucho peso y según los médicos no había razón para que estuviera así de mal. Entonces Margarita le regaló mi primer libro y él me buscó por su cuenta para que yo lo atendiera en terapia. Fue muy amable conmigo y cuando comenzamos a revisar qué estaba sucediendo, me contó que se sentía cansado de mentir, pero que en realidad su matrimonio era un desastre y que no lograba llenar un vacío permanente que sentía. Me confesó que tenía dos amantes, sin mencionarme el nombre de ninguna, y me dijo que en ellas encontraba la adrenalina y la juventud de las que su esposa carecía. Para él, el matrimonio lo estaba enfermando y el amor que sentía por estas dos mujeres era lo que lo mantenía vivo, y que, en realidad, el desgaste de mentir y de tener que mantener a ambas fuera de su matrimonio estaba acabando con él y con su paz mental.

Comenzamos a trabajar juntos en su caso y a revisar de donde venía esa pulsión hacia la infidelidad, pues por más que me dijera que era porque estaba aburrido en su matrimonio, yo estaba segura de que había algo en su infancia que lo había marcado. Me contó que había crecido en un hogar en el que su padre siempre había sido mujeriego y su madre se dedicaba al hogar, a cuidar de él y de sus hermanos, pero siempre había sentido un vacío por no tener a su padre presente, pues cuando llegaba ya todos estaban dormidos, aunque muchas veces ni siquiera paraba en la casa. Sumado a eso, su padre le había dicho siempre que en la variedad estaba el placer y que debía conseguir una esposa para criar a sus hijos, pero tener varias amigas para no morir en la infelicidad.

Esa era la idea que tenía Javier en la cabeza: debía tener varias mujeres, pues una sola era sinónimo de aburrimiento y de infelicidad. ¿Dime si crees que una persona puede actuar de una manera distinta si desde niño le martillaron esas ideas en la cabeza?

Javier no creía estar actuando de mala manera, pues estaba cumpliendo con lo que su padre le había enseñado. Sin embargo, con el paso del tiempo se estaba dando cuenta de la carga emocional que conllevaba lidiar con tres hogares distintos al mismo tiempo, sumando a eso la carga económica. Tras varios años con este estilo de vida, su cuerpo le estaba poniendo un freno, un ultimátum, y pidiéndole que se calmara y replanteara su situación.

Al poco tiempo de comenzar terapia fue a hacerse su examen de próstata y los resultados salieron mal. El antígeno salía elevado y —cuando le realizaron la biopsia— los doctores determinaron que tenía un cáncer y que debían extraerle toda la glándula, lo que implicaba que quedaría impotente. Cuando me contó eso, interpreté que estaba sucediéndole porque su cuerpo ya le había gritado a través de la baja de peso que parara, que dejara de llevar tres amores y tres hogares, pues la pasión desenfrenada estaba acabando con él. Sin embargo, al no hacer caso a las señales, el cuerpo le gritó de una manera más agresiva. Por fortuna pudo salir adelante después de la operación. Lo que él vino a demostrarme es que la pasión no lo es todo y que, aunque mucha gente decide tener parejas alternas a su relación oficial con el fin de ponerle adrenalina a su vida, esas relaciones en muchos casos no terminan bien pues son el resultado de carencias y vacíos que se quieren llenar a través del sexo desenfrenado. Entonces, que la pasión es importante, sí; ¿que la pasión lo es todo? No, definitivamente no.

De amor no se vive

"De amor no se vive" fue lo que le dijo su mamá a Lorena cuando ella le contó que quería casarse con el novio. Ella tenía 24 años y se había enamorado de un compañero del banco, un cajero, que se llamaba Juan Pablo y era dos años mayor que ella. Él quería pedirles la mano a los papás de Lorena, pero ella sabía que su mamá no lo tomaría bien, pues era una mujer estricta y muy rígida en sus decisiones.

Juan Pablo había estudiado finanzas y estaba comenzando su carrera, por lo que no ganaba mucho dinero, apenas el sueldo mínimo, pero Lorena estaba convencida de que podría ir escalando poco a poco en su industria. Se conocieron en el banco donde ambos trabajaban y aunque Lorena era hija única y venía de una familia acomodada, se había enamorado de él, a pesar de venir de un contexto distinto, por su dulzura e inteligencia. Juan había comenzado en el banco como mensajero mientras terminaba la universidad y luego se había convertido en cajero. A los padres de Lorena, aunque sabían que era un buen hombre, que la quería y respetaba mucho, les costaba mucho trabajo comprender que su hija, a quien le habían dado la mejor educación y que siempre había tenido relaciones amorosas con jóvenes de su misma clase social, hubiera elegido a un muchacho completamente distinto de aquellos a los que estaban acostumbrados.

La madre de Lorena venía de una familia antioqueña dueña de una reconocida empresa de cementos y su padre había crecido en una familia ganadera muy adinerada del llano colombiano. Gracias al poder adquisitivo de sus padres, Lorena estudió en un colegio y luego en una universidad en Estados Unidos. Pero, a pesar de haber vivido allá durante unos cuantos años, no logró acoplarse y regresó a Colombia al terminar sus estudios. Su sueño siempre había sido formar una familia, regresar al país y presidir algún banco, y como era tan disciplinada sabía que lo lograría. Durante la etapa escolar tuvo un novio del que se enamoró perdidamente, pero sufrió muchísimo porque era mujeriego y en varias ocasiones lo había pillado coqueteando con otras compañeras. A pesar de esto, los padres de Lorena pensaban que sería el candidato perfecto para ser esposo de su hija, pues sus padres eran dueños de un reconocido almacén de ropa y su papá era una persona muy influyente, algo que para la familia de Lorena era importante.

A ella le costó muchísimo trabajo salir de esa relación, pues había sido su primer amor, y como ambas familias eran tan cercanas, ella se pensaba desde niña casada con él. Cuando se graduaron, ella se fue a vivir a Estados Unidos y Miguel, así se llamaba, se quedó estudiando en Bogotá. La distancia los separó y al cabo de dos años ella logró superar la "tusa". Cuando terminó la carrera volvió a Colombia, pero nunca le avisó a Miguel que regresaría. Entró a trabajar en el banco y se concentró en su carrera. El trabajo en el banco era muy estricto y le exigían metas que ella no había manejado antes, por lo que le costó adaptarse en un principio, pero después ya entró en el ritmo del día a día y aprendió a trabajar con más calma. Aprender las rutinas del banco y contar con la buena energía de dos de sus compañeros de trabajo le ayudó mucho. Uno de ellos era Juan Pablo, que también estaba recién contratado, y otra colega que llevaba varios años trabajando allí, que la apoyaba en todo lo que hacía y la estaba guiando para adaptarse rápidamente a las exigencias del cargo.

Cuando Lorena conoció a Juan Pablo, le pareció un hombre muy guapo y decente. Él era de Manizales, una ciudad ubicada en el eje cafetero en Colombia, y se había ido a Bogotá a terminar su carrera en administración y finanzas gracias a una beca. La familia de Juan Pablo era muy humilde y él la apoyaba económicamente; de su salario enviaba dinero a sus padres y abuelos, e incluso trataba siempre de trabajar horas extras para poder darles más. Así fue como ambos comenzaron a hablar, pues a Lorena le sorprendía que él fuera tan trabajador y que se hiciera tantas jornadas continuas. Un día se pusieron a hablar a la hora del almuerzo y él le contó que trabajaba durante la semana en el banco y los fines de semana ayudaba a un amigo que tenía un negocio de mudanzas, para poder enviar suficiente dinero a su familia. A Lorena eso le llamó mucho la atención, pues en medio de sus privilegios nunca había conocido de primera mano lo que era la necesidad económica real. Este hombre joven que trabajaba de sol a sol para ayudar a toda su familia le despertaba una gran admiración. Así fue como, poco a poco, comenzó a enamorarse de él. Cuando llegó el cumpleaños de Lorena, Juan Pablo se encargó de organizarle una fiesta sorpresa entre los compañeros del trabajo y en hacer que ese día fuera muy especial para ella.

A los pocos meses se "cuadraron" e iniciaron una relación llena de amor y muchísima complicidad. Lorena se sentía muy tranquila y apoyada a nivel emocional. Cuando los padres de Lorena lo conocieron, les pareció un hombre muy decente, pero nunca pensaron que la relación fuera a avanzar hacia una propuesta de matrimonio.

A Lorena la conocí en pleno proceso de anunciar la noticia de su intención de formalizar la relación con Juan Pablo. Llegó a terapia remitida por una dermatóloga, muy buena amiga mía, quien le sugirió que buscara un acompañamiento emocional, pues le había diagnosticado alopecia causada por estrés. La dermatóloga me contactó y me explicó que, pese al tratamiento médico, la caída de cabello de Lorena se debía al gran estrés emocional que estaba atravesando por la situación con su pareja.

La alopecia areata, según la Clínica Mayo,[31] es generada por una serie de factores, entre ellos un estrés grave que causa que el sistema inmunitario ataque los folículos pilosos y provoque la caída del cabello. A nivel de biodescodificación, el pelo representa la fuerza y la imagen que tiene una persona de sí misma. Por eso la alopecia aparece cuando las personas atraviesan una separación, una gran desvalorización o una pérdida de protección. Y eso era exactamente lo que le estaba sucediendo a Lorena: sabía que sus padres no permitirían que se casara con Juan Pablo, pues él no tenía la estabilidad económica ni los medios para darle la vida que ella estaba acostumbraba a tener. El miedo estaba instalado en la mente de Lorena y eso es lo que ocurre en las personas con alopecia: se sienten desprotegidas, saben que viene una separación fuerte y tienen mucha angustia, pues creen que solos no serán capaces de solucionar la situación.

En la primera sesión de terapia, Lorena me contó la situación que vivía en su casa y me explicó que para sus padres iba a ser muy difícil procesar la información. Por un lado, la de que

[31] Clínica Mayo (2024).

ella quisiera casarse siendo aún tan joven, pues era hija única, y además la de que ella quisiera pasar el resto de su vida con un hombre que provenía de una realidad completamente diferente a la de ellos. Esto se agravaba por el hecho de que su prima hermana había vivido un proceso parecido y su matrimonio se había convertido en una tragedia familiar, pues terminó manteniendo al marido que, según Lorena, resultó ser un vago.

Para quienes crecimos en países como Colombia, Venezuela y México, y en general para las sociedades latinoamericanas, es común creer que en la estructura familiar el hombre debe ser el proveedor del hogar y la mujer la principal responsable de las labores domésticas y de cuidado. Aunque esta realidad ha cambiado con el paso de los años, en parte por el empoderamiento femenino y en parte porque cada vez es más difícil sostener un hogar con un solo sueldo, muchas personas todavía creen que el hombre debe ser el proveedor de la casa y el encargado de la manutención.

Leí un artículo de la psicóloga Marta Guerri,[32] en el que habla sobre el papel desempeñado por la mujer en la economía familiar y cómo esto afecta las relaciones de pareja hoy en día. Ella hace un abordaje muy llamativo, pues explica que en los últimos años las mujeres hemos desplazado a los hombres en muchos cargos directivos, lo cual ha llevado a que la estabilidad laboral y económica de muchos matrimonios dependa hoy más de la mujer que del hombre. Ella explica que, en el caso del sector financiero, por ejemplo, se ha comprobado que las mujeres son más organizadas y cuentan con aptitudes de mayor compromiso, y asimismo tienen mayor capacidad para las relaciones interpersonales y de servicio al cliente. De igual manera, en el caso de los emprendimientos, por su disciplina y organización, las mujeres tienden a ser más exitosas. Según la autora, todas

[32] Guerri (2023).

estas cualidades están llevando a que las mujeres sean más reconocidas y respetadas a nivel laboral y directivo.

Teniendo en cuenta este panorama y al considerar que el dinero es un medio de poder, según Guerri, si un miembro de la pareja gana más que el otro y lo utiliza como medio de poder para ejercer un dominio, muy seguramente la relación de pareja entrará en desbalance. Esto no es noticia; es lo que ha pasado durante cientos de años y que se conoce como violencia económica, pero antes era ejercida por los hombres, quienes ostentaban de forma exclusiva este poder. Según la experta, en una pareja sana el dinero no debería representar ningún problema ni elemento de lucha, pero la triste realidad es que muchas parejas se divorcian ante las dificultades económicas, pues llevan a que en muchos casos se pierda la admiración y el respeto por el otro, ante el estrés por no tener dinero, entre otras razones.

La postura sobre el amor y el poder en las relaciones heterosexuales que expone la periodista Mona Chollet en su libro *Reinventar el amor*,[33] asegura que existe una inferioridad femenina, pues la mujer casi siempre debe elegir entre la realización personal y la romántica. En el segmento del libro titulado "Se ruega no brillar demasiado", Chollet habla sobre un grupo terapéutico de hombres condenados por violencia conyugal, en el cual les preguntaron qué ocurriría si su mujer pudiera tener acceso a cargos de su mismo nivel, y la mayoría de ellos contestaron que no tenían problema con que sus mujeres triunfaran, mientras no tuvieran un oficio mejor que el de ellos. A esto se suman varios casos que menciona el libro, en los que mujeres que eran más exitosas a nivel laboral que sus parejas eran más propensas al divorcio, y para ello menciona algunos ejemplos de Hollywood, en los que los matrimonios de las mujeres

[33] Chollet (2022).

galardonadas con el premio Óscar tenían una duración en promedio de 4 años, mientras que los de quienes perdían tenían un promedio de 9.5 años. Expongo este caso, porque me llama muchísimo la atención cómo en las relaciones el dinero y el éxito laboral están completamente ligados al éxito de la relación.

Cabe decir que no ocurre los mismo cuando las parejas son más igualitarias desde el principio y ambos se apoyan y se incentivan mutuamente en todos los aspectos de la vida. A mi modo de ver y con la experiencia que he adquirido en mis terapias, siento que cada pareja es diferente y que las condiciones de cada relación dependen de los acuerdos a los que lleguen desde un principio, y que mientras ambos los respeten podrán avanzar con mayor tranquilidad en su vida en común. Hay quienes se sienten bien al permitir que uno de los dos pague y mantenga el ciento por ciento del hogar, otros consideran que es mejor repartir los gastos. No existe una opción correcta o perfecta, cada quien tiene un pensamiento diferente y creo que es importante respetar eso.

Pero tranquilo, no te voy a dejar con la intriga, así que vuelvo al caso de Lorena. Ella vivía una situación en la que, primero, estaba asumiendo que sus padres rechazarían la petición de Juan Pablo, y, segundo, de ser así ella consideraba que no la aceptarían pues ella tenía mejores ingresos que él y eso les generaba incertidumbre acerca del futuro de la relación. Además, y esto no era secundario en su angustia, el prestigio social de Juan Pablo no era el mismo que el de su familia. Esta situación y la mente de Lorena le estaban causando un estrés tan grande que se le estaba cayendo el pelo y tenía un diagnóstico de alopecia. Lo primero que hice durante la terapia fue pedirle que aterrizáramos la situación, pues hasta donde ella me había narrado estaba estresada ante una cantidad de supuestos que no habían sucedido hasta ese momento. También le pregunté si para ella el dinero era un problema y me dijo que le era insignificante quién en la relación ganara más, pues ella era una persona muy próspera y entre ellos el dinero nunca había sido un tema; Juan Pablo aportaba lo más que podía a la relación y ella hacía lo mismo. En esta relación no importaba quién tenía más poder financiero que el otro, porque había admiración, respeto y las cosas estaban claras entre ellos. Por eso te digo que cada relación es diferente y que la pareja es quien debe respetar los acuerdos a los que lleguen, para así tener tranquilidad y armonía. Quizás para los padres de Lorena la situación era diferente, por la manera en que fueron educados y por el tipo de relación que tenían, pues la madre de Lorena no había estudiado por dedicarse al hogar y su padre no veía nada de malo en eso. Pero eso no quería decir que Lorena tuviera que repetir esa misma historia.

Ahora, para el momento de la sesión era importante tener en cuenta que Juan Pablo aún no había ido a hablar con los papás de Lorena, más allá de que su madre le hubiera expresado lo que ella pensaba. En realidad, no había ocurrido nada concreto aún. Así que le pedí que se tranquilizara, porque su mente le estaba causando muchísimo daño solo por el hecho de suponer.

Después de la primera cita con Lorena me puse a pensar en lo increíble que es el poder de la mente. Ella estaba completamente indispuesta por una situación hipotética y por las palabras que le había dicho su mamá. Sin embargo, eso no es algo que solo le pase a ella; a mí también me pasa y creo que a ti también, ¿cierto? A veces nos predisponemos y optamos por hundirnos en supuestos e hipótesis de cosas que ni siquiera sabemos si van a ocurrir.

Como tarea, le pedí a Lorena que se sentara a hablar con Juan Pablo y a organizar qué iban a hacer, pues la incertidumbre estaba acabando con sus nervios y me preocupaba que esto tuviera luego un impacto mayor en su salud.

En la siguiente cita, un mes después, Lorena llegó con otra cara, se veía mucho más tranquila y me pidió ayuda para organizar junto a su novio la mejor manera de anunciarle a sus papás la decisión que ellos habían tomado como pareja. Así que nos preparamos, alistamos los puntos a tratar en la conversación, planteamos los panoramas y, para sorpresa de los tres, la reacción del padre de Lorena fue la mejor. Les dio todo su apoyo, pero les sugirió que esperaran un par de años a estabilizarse económicamente antes de darse el sí y comprometerse a formar una familia. También se ofreció a ayudar a Juan Pablo a conseguir un trabajo mejor pagado y en el que pudiera crecer.

La madre, quizás por miedo de que Lorena fuera a pasar hambre o algún tipo de incomodidad, le dijo drásticamente que de amor no se vivía y que el dinero era fundamental en una relación. Eso es algo que todos podemos comprender, pero teniendo en cuenta que Juan era un hombre joven y con toda una carrera por delante, darle la oportunidad de que creciera no estaba de más. No todos nacemos en las mismas circunstancias y con las mismas capacidades económicas, y son más importantes la educación, los buenos modales y las intenciones de una persona, las cuales no dependen de unos ingresos sino de los valores con los que ha sido criada. En el caso de Juan Pablo, se trataba de un hombre que respetaba y amaba a su hija y que quería formar un hogar con ella. Era un hombre de buenos actos y buenos sentimientos, y eso, al final, es lo que el dinero no puede comprar.

Las finanzas y el amor

Si bien en este capítulo abordamos desde la psicología la relación que existe entre el amor y el dinero, me gustaría también mirar el tema desde la espiritualidad y la energía, pues he encontrado un patrón recurrente entre mis pacientes, para quienes una crisis amorosa viene de la mano con un problema en las finanzas y viceversa.

Al leer el libro de Carolin Myss *Anatomía del espíritu*,[34] me llamó mucho la atención ver la importancia que tienen los chakras, los centros energéticos que rigen nuestro cuerpo y nuestra mente en las relaciones interpersonales. Según Myss, el segundo chakra es el encargado de la energía masculina, la procreación y las alianzas que establecemos con los demás. Es decir, es un centro energético que maneja áreas fundamentales, como la pareja, las relaciones, la creatividad y también las finanzas. Este centro de energía está ubicado en la parte baja del abdomen, de los genitales al ombligo, y corresponde a nuestra socialización y las relaciones con los demás. La energía de este chakra es útil en la dinámica de relacionarnos con nuestro entorno físico, y en lo que abarca nuestras relaciones de pareja y de trabajo, y con el dinero.

Según Myss, este chakra se ve afectado por el miedo a perder el dominio, la traición y las pérdidas económicas, así que pedí a Andrea Novoa, terapeuta espiritual y autora de dos libros,[35] que me explicara esto. Ella dice que este chakra va más allá de la misión de supervivencia del primer chakra, o chakra raíz, porque nos aporta la energía para crear nuestra propia identidad y fuerza personal en relación con todo lo que nos rodea.

---

[34] Myss (2006).

[35] Novoa, A. (2023 y 2024).

En las relaciones de pareja y en las relaciones económicas la energía es la misma, pues ambas hablan de la necesidad de protegernos y crean un poder personal cuya función es cuidarnos de ser ultrajados, dominados o sometidos. Cuando tus relaciones de pareja son conflictivas o vibran en una baja frecuencia, esta es la misma energía que queda disponible para tu dinero, tu trabajo y tu creatividad. Lo mismo sucede al contrario.

Según Andrea, a veces no somos capaces de percibirlo porque lo interpretamos de manera literal: me caso, me va bien en el dinero; me quiebro, me quedo sin pareja. Pero en realidad no funciona siempre así. Si tu relación de pareja aparenta ser estable, pero poco emocionante para ti, de algún modo esto limitará tu dinero. También, si te divorcias de un hombre que te está haciendo daño, tus finanzas no van a empeorar sino a mejorar.

No se trata de ruptura igual a quiebra y relación igual a dinero. Se trata de tener y vivir relaciones de pareja y laborales sanas, para que la energía siempre nos beneficie. De no ser así, el fin de la relación de pareja o laboral será el mejor de los remedios.

Podríamos decir entonces que no es casualidad que tengas una mala racha en ambas áreas, porque sencillamente es la misma energía que arrastra a ambas situaciones. Y si crees que no te sucede a ti, a pesar de que sabes que algo no va bien, date la oportunidad de descubrir que puedes estar mil veces mejor con otra pareja o en otro oficio. Nadie sabe qué puede ser mejor hasta que experimenta cambios determinantes en su vida.

Esta explicación espiritual me pareció muy interesante porque en muchas de mis pacientes y en mí misma, cuando hemos tenido problemas con nuestras parejas todo comienza a salirnos mal. No es que sea la norma, pero sí existen muchos casos en los que salir con una persona que no tiene un pensamiento abundante o que tiene problemas con sus finanzas puede repercutir en nuestra abundancia.

Hace pocos meses atendí a Marcela, una mujer muy arrolladora a quien conocí gracias a la publicación de mi segundo libro. Ella sufría de migrañas y el primer día que hablamos me comentó que estaba con unos dolores de cabeza insoportables desde hacía unos meses. Le pregunté cómo estaba su vida amorosa y me contó que había conocido a un hombre español muy adinerado hacía un tiempo y que las cosas parecían ir bien. No sé por qué, pero cuando me dijo que estaba con un hombre adinerado, de inmediato presentí algo, como si sus dolores de cabeza estuvieran relacionados con esa pareja. Sin embargo, continué indagando y al preguntarle a qué atribuía las migrañas me dijo que estaba muy estresada en el trabajo, pues tenía cada día más responsabilidades laborales y sentía que lo que ganaba no equivalía a lo que trabajaba.

Algo que me llamó la atención durante la charla es que la noté muy preocupada por el dinero. Con cada cosa que le preguntaba, exaltaba lo económico y me insistía en que su pareja era un hombre muy poderoso.

Hicimos el ejercicio de revisar qué estaba sucediendo en su universo emocional para el momento en que comenzaron sus migrañas, y de casualidad —yo siempre lo presentí— ella detectó que los dolores de cabeza, los problemas en la oficina y con el dinero habían comenzado desde que estaba saliendo con el español. Pero si nos dicen que cuando estamos enamorados todo fluye, ¿cuál era la razón para que esto no estuviera funcionando con Marcela? Ella podía decirme que estaba enamorada de este hombre, pero yo creo que estaba enamorada de su dinero, pues durante la conversación en ningún momento destacó las cualidades emocionales o físicas de él, sino solo que tenía mucho dinero.

Marcela venía de un divorcio en el que su exesposo le había quitado todo lo que tenía; no habían firmado capitulaciones y como ella ganaba más dinero que él, salió muy afectada, pues aunque la mayoría de los bienes los había comprado ella, debían ser repartidos por mitades de acuerdo con la ley. Desde entonces ella declaró que nunca se metería con un hombre que no fuera pudiente y que para ella eso era primordial. Su novio español tenía mucho dinero, pero ¿realmente se querían?

Comenzamos a hablar de su relación y me contó que para ella la prioridad era que este hombre la consintiera, la llevara a pasear y le diera los lujos que ella no podía darse. Es decir, se trataba de una relación basada en invitaciones y regalos caros, pero no había realmente nada más de fondo. Él era 25 años mayor que ella y cuando salían se vanagloriaba de tener a su lado una mujer tan joven y bella como Marcela. Aquí estábamos ante una relación con intereses de ambos lados, a mi modo de ver, en la que además el hombre la manipulaba con el dinero. Digo esto, porque ella me contó que cada vez que tenían una diferencia, él la invitaba a algún viaje o le regalaba la cartera o los zapatos de su preferencia para limar asperezas. No es que esto esté mal o bien, simplemente comencé a entender que en esta relación Marcela, de manera inconsciente, se sentía manipulada y además presionada a generar un dinero a la par de él, pues en reiteradas ocasiones su novio le había comentado que quería una mujer que tuviera un nivel económico similar al suyo, algo que sin duda era imposible, pues ella recibía un salario normal.

Cuando hablamos del tema, le expuse lo que yo percibía y me atreví a preguntarle si ella veía algún tipo de relación entre sus dolores de cabeza y la incomodidad que le generaba el tema económico con su novio. Fue así como, sin habérselo planteado antes, se desahogó y me dijo que efectivamente se sentía presionada y evaluada todo el tiempo, para lograr estar al nivel económico y social de su novio. Eso era lo que la tenía con dolor de cabeza y lo que hacía que nada en el trabajo fluyera. ¿Ves cómo una relación que no es para nosotros puede llegar a afectarnos a todo nivel? En este caso, su cabeza le estaba gritando que dejara de pensar tanto sobre la situación, que dejara de querer controlar todo y, sobre todo, que disfrutara de lo que vivía; por el otro lado, el bloqueo laboral le estaba haciendo entender que cuando no estamos en una relación que fluye con nosotros, la misma energía nos pone todo tipo de frenos para que comprendamos que nos estamos haciendo daño.

Marcela salió muy sorprendida por lo que había descubierto durante esa sesión y al otro día me escribió un mensaje en el que me contaba que había terminado con su pareja. Solo dos semanas después desaparecieron sus dolores de cabeza y me contó que le habían ofrecido un ascenso y un traslado a otro departamento, donde ganaría más dinero y podría crecer laboralmente.

Como el de Marcela, son muchísimos los casos en los que las personas no caen en cuenta de que una relación discordante puede afectar no solo la salud sino también el trabajo. Es por eso que cuando queremos proteger nuestras finanzas, más vale que evaluemos cómo están nuestras relaciones, y viceversa.

Durmiendo con el enemigo

Creo que una de las experiencias más duras que podemos vivir como humanos es ser traicionados en cualquier tipo de relación. Cuando entablamos una relación con alguien, sea personal, laboral o de cualquier tipo, de partida estamos estableciendo un vínculo de confianza en el que, aunque las partes sean ajenas, la conversación o el encuentro comienza cuando cada parte expone lo que busca, lo que quiere ofrecer y lo que está dispuesto a negociar. Por eso, para mí, una traición es lo más doloroso e irrespetuoso que puede pasarnos, pues cuando ocurre la confianza que se depositó en esa persona se ve quebrantada.

Decía Maquiavelo que la traición es el único acto de los hombres que no se puede justificar, y creo que es verdad. Si los humanos tenemos la posibilidad de elegir a nuestra pareja, la carrera que estudiamos, las relaciones que entablamos, ¿por qué debemos traicionar esas elecciones? Esta es la pregunta que me hago siempre. Y voy a ponerte el ejemplo de un noviazgo. Cuando dos personas deciden comenzar una relación amorosa, parten de la base de que ambos están de acuerdo en que sienten algo el uno por el otro. Si esta elección es libre y nadie está obligando al otro, entonces ¿por qué termina alguna de las partes traicionando? ¿Será que no somos capaces de respetar un acuerdo o que no somos consecuentes con las elecciones que realizamos?

Aunque existen muchos tipos de traición, como la falta de lealtad entre la familia, en una sociedad o entre amigos, la traición amorosa suele ser la más común y una de las que más duele, porque cuando entregamos amor y abrimos nuestro corazón, lo hacemos de manera desinteresada y muchas veces sin ningún tipo de blindaje, lo cual nos hace mucho más vulnerables. Lo más doloroso de la traición es que se trata de un acto deliberado y lleno de egoísmo, en el que quien actúa en beneficio propio no piensa en las demás personas implicadas. Quien traiciona sabe que está fallando al compromiso o al acuerdo que tiene con el otro, y sin embargo no le importa. Además, luego, por salvarse a sí mismo, es capaz de hacer cualquier cosa, como mentir, chantajear e incluso intentar hacerle creer al otro que la traición realmente no ocurrió, o que está exagerando al sentirse engañado.

Y aquí quiero aprovechar para hablar de otro tipo de traición que muchas veces ignoramos, pero que para mí es la más importante de todas: la que uno comete en contra de uno mismo. En un mundo donde las personas viven plagadas de inseguridades y muchos se rigen a partir del principio de obtener resultados a cualquier costo, la traición a tus propios ideales, a tu educación y a tus principios se ha vuelto cada vez más común. Lo vemos por ejemplo en la política: conocemos a un candidato antes y después de la campaña y nos sorprendemos de cómo vende su alma con tal de ser elegido. Lo mismo sucede con las personas que se dejan sobornar por dinero. Esa situación la vivimos muchísimo en Colombia en los años noventa, cuando veíamos cómo el narcotráfico compraba gobernantes, policías y militares, pues esa economía ilegal era tan grande que podía darles unas cantidades de dinero que las instituciones de ninguna manera podían ofrecerles. Sin embargo, este dinero nunca era gratis, pues recibir dinero ilícito podía costarles la vida a ellos mismos o a sus familias, o su libertad. Existen muchísimos ejemplos de personas que son capaces de vender su alma por adquirir un bien inmediato y luego terminan inmersas en un callejón sin salida.

Pero bueno, volviendo a lo que nos concierne en este capítulo, al hablar de la traición amorosa quiero que analicemos a cada uno de los implicados. Te pido que por un momento pienses en alguien que conozcas y a quien le hayan sido infiel. Supongo que sabes que esta persona experimenta un dolor profundo, por haber confiado en el otro, por la humillación y la tristeza que le genera la traición, además de la herida que genera que el otro no lo haya tenido en cuenta antes de actuar.

Quienes traicionan, a mi modo de ver, son personas que por lograr un fin se olvidan de ser empáticos, pero que, además ni siquiera se detienen a pensar en el daño que pueden estar causándole al otro con sus decisiones. Es decir, son egoístas. Y aquí quizás algunos querrán salir a criticarme y dirán que nadie es perfecto, y lo entiendo: todos cometemos errores, pero de lo que sí estoy segura es que antes de actuar todos tenemos la opción de parar, pensar y luego decidir. Al no hacerlo, herimos al otro. La oportunidad de resarcirnos quizás sea con nuestra siguiente relación, pero es importante aprender del daño que hicimos para no repetirlo.

Según Bernardo Stamateas, doctor en psicología y sexólogo clínico, la persona que traiciona no lo hace de un día para otro, sino que genera un círculo de intimidad afectiva con el fin de ir construyendo el escenario propicio para traicionar.[36] Según

---

[36] Stamateas (2019).

Stamateas, el traidor siempre está convencido de que sus actos son correctos y utiliza la traición como herramienta de reparación ante una injusticia que pudo haber sufrido antes en su vida. En este sentido, según lo que explica este psicólogo, quien traiciona tendría una herida no sanada e intenta vengarse desde un interés egoísta. El traidor, más allá de la desilusión real o imaginaria que haya sufrido, tiene un impulso por destruir al otro que se basa en una acumulación de frustraciones. Y por eso muchos intentan armar grupos o complots para justificar y sentirse respaldados en sus actos. O utilizan la vieja estrategia de culpar a quien agreden con sus actos, asegurando que ellos los han llevado a actuar así por un motivo específico.

Mientras tanto, quien es traicionado se ve sorprendido por las acciones del otro y sufre el impacto al descubrir que lo que dio no es, para nada, equivalente a lo que recibió; es decir, que si esa persona entregó amor y compromiso no logrará comprender por qué recibió de vuelta una traición o un golpe bajo. En palabras de Stamateas, el traicionado suele ser un reparador de la estima del otro, pues termina siendo la victima de la herida narcisista del victimario.

Me dolía el pecho como si me clavaran un puñal

Cuando conocí a Michael, él había terminado hacía seis meses un noviazgo de cinco años. Conoció a su exnovia, María, en la boda de un amigo, y le pareció una mujer muy atractiva. En ese momento ella estaba saliendo de un noviazgo de dos años, pero aún vivía con ese novio. Michael hoy no entiende cómo en ese momento no se dio cuenta de que estaba entrando en una relación en la cual María no estaba disponible emocionalmente, sino que seguía en la transición de una relación a otra.

Él venía de dos años de soltería en los que había salido con varias mujeres, pero no había logrado una conexión emocional con nadie, por lo que le hizo mucha ilusión conocer a María. Ella era de origen cubano y él guatemalteco, por lo que ambos venían de culturas completamente distintas, pero esto no era un impedimento, pues estaban muy americanizados y vivían en Estados Unidos hacía muchos años.

El día en que se conocieron, ella se le acercó de manera muy sensual y comenzó a bailarle de una forma que a él lo impresionó, pues nunca había visto a ninguna mujer comportarse así. Los ojos color miel de María lo hipnotizaron y desde ese momento sintió una atracción muy especial por ella. Era cinco años mayor que él, pero eso no le importó: era una mujer muy hermosa.

Al día siguiente, Michael la llamó para invitarla a desayunar, pero ella no pudo porque estaba muy cansada y con "guayabo", así que no volvieron a verse sino hasta el siguiente fin de semana. Él estaba muy nervioso de reencontrarse con ella, pues hacía mucho tiempo que no se sentía atraído por una mujer y llevaba varios meses tratando de buscar pareja. Estaba ilusionado y con muchas ganas de comenzar una relación; el único problema era que ella estaba saliendo de otra y buscando apartamento para poder irse del que aún compartía con su ahora exnovio. A Michael esto le importó poco, porque creía que podría ayudarla con todo. Estaba tan convencido de querer estar con ella, que conquistarla se le convirtió en un reto personal.

Las cosas fluyeron desde el principio. Hacían ejercicio, llevaban una dieta saludable y tenían muchos gustos en común. Así pasó más de un año de relación, hasta que Michael comenzó a notar que María se le desaparecía en las noches, no contestaba el celular y como excusa le decía que estaba con su mejor amiga y que no se había dado cuenta de las llamadas perdidas. Aunque él sospechaba que había mentiras en sus respuestas, no tenía como comprobarlo, así que un día, cuando ella le dijo que estaba con una de sus mejores amigas en un restaurante cerca de la casa, Michael decidió darse una pasada para comprobar si era así. Al llegar no encontró ni a María ni a su amiga, y de inmediato supo que algo estaba mal, entonces comenzó a sudar, a sentir una presión en el pecho y el brazo se le durmió. Trató de calmarse y llamó a su mejor amigo, que le dijo que no le extrañaba lo que le estaba contando, pues todo el grupo de amigos no solo sospechaba que ella le era infiel, sino que ya se lo habían advertido. Pero no hay peor ciego que quien no quiere ver: Michael estaba muy enamorado de ella y prefirió no engancharse con lo que le decía su amigo. Se fue a su casa y muy tarde en la noche María lo llamó y le repitió que había estado en ese restaurante (al que él había ido y no la encontró) y que de ahí se habían ido al apartamento de su amiga hasta la noche. Michael sabía que ella le estaba diciendo mentiras, pero no quiso confrontarla por miedo a perderla.

Aquí quiero señalar algo que veo muchísimo en mis terapias y que es importante tener en cuenta: siempre que una persona permite que otra le mienta, cuando se anula por miedo a perderla y entrega a ella su poder personal, se debe a que necesita sanar algo de su niñez. Te doy un ejemplo muy sencillo. Cuando niña una persona perdió a su padre porque falleció o porque se divorciaron sus papás. Esa persona crece con una soledad paterna o materna, y siempre anhela encontrar esa figura en la vida. Ese niño abandonado por sus padres crece con miedo al abandono, al rechazo y a quedar desamparado, entonces a lo largo de su vida busca la aceptación al permitir que otros lo traten como les venga en gana y evitan confrontar los problemas porque no desean ser abandonados; todo lo que quieren es aceptación. Esto es algo muy común. Muchas personas crecen sin entender por qué son tan permisivos con los demás y tienen mucho miedo a poner límites y exigir respeto.

Aquí quiero formularte una serie de preguntas para que analices si tú estas pasando por lo mismo, lo identifiques y trabajes, ya sea contigo mismo o, incluso mejor, con un terapeuta que te ayude a indagar en tu infancia qué situaciones te han dolido y aún no has sanado. Pero puedes comenzar a hacerlo tú mismo al responder estas preguntas:

1. ¿Tienes la capacidad de establecer límites en tus relaciones?
2. ¿Sientes temor ante la posibilidad de decepcionar a otros?
3. ¿Sientes la necesidad de ser validado por los demás, de que te digan que lo que haces está bien?
4. ¿Te minimizas o ignoras tus necesidades con tal de evitar conflictos?
5. ¿Te anulas y te dejas en último lugar con tal de resolverle la vida a los demás?
6. ¿Te cuesta tomar decisiones por ti mismo?

Si la respuesta a alguna de las preguntas que viste aquí es positiva, debes comenzar a evaluar cuándo te sentiste humillado o rechazado en tu infancia, cuándo tuviste que llamar la atención de los demás para poder ser validado y para que te tuvieran en cuenta. Es un ejercicio sencillo pero que te va a servir mucho a la hora de comenzar a indagar en tu proceso de sanación.

Pero volvamos a la historia de Michael y María. En su infancia, Michael había sufrido el abandono de sus padres, pues su papá se había ido a Estados Unidos de manera ilegal a trabajar para enviarle dinero a él y a su madre, dado que la situación económica en Guatemala era difícil. Además, era hijo único y su abuelita se había encargado de su crianza, pero ya estaba muy enferma y tenía una edad avanzada, por lo que era difícil pedirle que lo llevara a socializar con otros niños.

El día que conocí a Michael me contó su historia, muy por encima, y le dije que me pidiera terapia, porque en realidad quería ayudarlo. Comenzamos una serie de sesiones semanales y él estaba feliz con todo lo que descubría. Cuando le expliqué que ese miedo a que María lo abandonara estaba establecido como una herida de su infancia, él quedó muy sorprendido pues nunca lo había visto de esa manera. Estaba convencido de que, como sus amigos, tenía miedo a la soledad por vivir en una ciudad tan difícil, donde todos estaban casados o emparejados. Eso a simple vista parecía normal; lo que nunca había entrado a indagar era por qué y de dónde venía ese pánico que le generaba la codependencia que estaba viviendo con una persona que no lo respetaba.

Al indagar en su historia me contó que su padre siempre le había dicho que las relaciones de pareja eran una tortura y que las mujeres eran muy difíciles, por lo cual debía evitar confiar en ellas. A él esas palabras le quedaron rondando en la cabeza, aunque trataba siempre de confiar y entregarse en sus relaciones. Otra cosa que le había dicho su padre era que a las mujeres era mejor no pelearles ni exigirles, para que uno como hombre pudiera tener su libertad y hacer de las suyas. De manera inconsciente, él estaba haciendo eso con María, a pesar de ser fiel en la relación. Le expliqué que basamos nuestras vidas en sistemas de creencias en los cuales lo que nos dicen nuestros padres se convierte en realidad, porque si uno crece teniendo una idea de que todas las mujeres son malas, va a verlas a todas así; lo mismo pasa si uno piensa que todos los hombres son infieles: verá que todos son así.

Algo me llamó mucho la atención y es que Michael me contó que su exnovia, Natalia, también le había sido infiel. Es decir, esta no era su primera traición con mentiras, era la segunda. No me pareció normal que en dos relaciones seguidas hubiera mentiras e infidelidad, y quise indagar más al respecto. Me contó que su exnovia era una mujer muy bonita que se dedicaba al modelaje. Se habían ido a vivir juntos y al comienzo de la relación ella era muy entregada, pero con el paso del tiempo comenzó a mentirle con la excusa de que tenía viajes y que no podía llevarlo. Para Michael esto era normal, pues el modelaje es un oficio que en efecto requiere de muchos viajes. Lo que empezó a parecerle extraño fue que no había registro, ni en fotos ni en videos, de los supuestos eventos en los que ella participaba. Un día decidió llegarle de sorpresa a Nueva York, al hotel donde ella le había dicho que se iba a hospedar. Al entrar, en el *lobby*, la encontró besándose con un fotógrafo. El mundo se le vino encima a Michael, pero entendió que Natalia lo venia engañando desde hacía meses y que seguía con él para tener un lugar en donde vivir, porque Michael le daba la estabilidad económica que el modelaje no le ofrecía.

Natalia había sido su primera relación estable y él estaba muy enamorado. Era la primera vez que vivía con una mujer y se sentía feliz con ella, por eso no lograba comprender por qué le era infiel, si las cosas parecían ir bien. Después del incidente de Nueva York se acabó la relación y él sólo decidió volver a darse una oportunidad en el amor cuando conoció a María. Jamás se imaginó que volvería a pasar por lo mismo.

Como él no quiso confrontar a María después del incidente del restaurante, la relación continuó. Los siguientes años junto a ella estuvieron llenos de dudas, de sospechas y, sobre todo, de angustia. Cada vez que ella salía, Michael amanecía con una opresión en el pecho como si le fuera a dar un infarto. Me describía la sensación como un pánico muy fuerte mezclado con un dolor, como si alguien le estuviera enterrando un puñal o apretándole el pecho. Esta es una sensación muy común entre aquellas personas sensibles a las energías, que tienen una intuición bastante elevada, y también en quienes se permiten sentir más allá de lo terrenal. No estoy hablando desde la religión ni mucho menos, pero para quienes estamos abiertos a la luz, a Dios, a los ángeles o a todo aquello que está relacionado con la energía, es muy normal que cuando una situación de amenaza aparece, esta se manifieste en el estómago, en el pecho y en los sueños. Quizás te haya pasado que sueñas con una circunstancia incómoda y amaneces asustado, y un tiempo después revives esa imagen que soñaste y te asustas, porque ya la habías percibido en el sueño. Eso se conoce como sensibilidad energética y clarividencia.

Desde el punto de vista médico, Michael estaba experimentando ataques de ansiedad. Esto es un trastorno de angustia en el cual la persona se siente en peligro, ya sea real o imaginario, y el cuerpo responde de manera acorde. Cuando sentimos miedo, el cuerpo entra en estrés y aparecen sensaciones como la opresión en el pecho, el aumento del ritmo cardiaco, la falta de aire, los nervios, los problemas de concentración, los temblores, las náuseas o el vómito y la dificultad para conciliar el sueño. Todos los que menciono son mecanismos del cuerpo para alertarnos cuando estamos ante un peligro inminente. Entonces ¿cómo saber si algo en verdad está mal? Detente a pensar qué situación te está generando esa reacción y por qué. En el caso de Michael era claro, sabía que María lo engañaba y que él estaba tratando de hacerse el desentendido para evitar un conflicto. El problema es que por más que uno trate de evadir este tipo de situaciones, el cuerpo es muy sabio y se manifiesta mediante el dolor y el malestar.

A esto se suma que cuando el pecho duele, el cuerpo nos grita que estamos ante un panorama de tristeza acumulada, un duelo que no hemos podido transitar o una situación que nos está agobiando. Lo mismo pasa con los nudos en el estómago, donde se acumulan las emociones, cuando no podemos digerir alguna situación y no comprendemos por qué amanecemos con ese malestar estomacal.

Además de que Michael había atrapado a María diciéndole mentiras, que sus amigos no la aceptaban, también se sumaba que a sus padres ella tampoco les gustaba. Era una relación tormentosa que estaba enfermando a Michael, pues era cobarde y no quería enfrentar la situación, y todos lo sabían.

Cuando llevaban tres años de noviazgo, María le dijo que quería irse a vivir con él porque los dueños del apartamento que ella arrendaba iban a venderlo y tendría que irse de allí. Él aceptó. En un principio todo estaba bien hasta que ella comenzó a llegar tarde a la casa. Había noches en que eran incluso las dos de la mañana y ella no había llegado. Un día Michael quiso esperarla despierto y cuando llegó venía despelucada y oliendo a colonia masculina. Ella, así, y sin siquiera bañarse, se acostó en la cama como si nada y él le tuvo que pedir que por favor durmiera en el sofá; también le dijo que en la mañana debía comenzar a buscar dónde se iba a ir a vivir, porque la relación se acababa. Ella comenzó a llorar, como solía hacer cuando quería manipularlo; sin embargo, él sacó fuerzas y le dijo que no había vuelta atrás.

Así fue como Michael por fin se mentalizó de que estaba conviviendo con el enemigo, que vivía en su casa y dormía en su cama. María tardó varios meses en irse del apartamento, con la excusa de que no encontraba dónde vivir, hasta que Michael le puso una fecha límite y le dijo que no aceptaría que ella se quedara un segundo más en su casa. Así fue como terminó una relación de años. Él pensó que perderla lo iba a destrozar, pero la realidad es que no la extrañó y que la opresión en el pecho desapareció; además comenzó a sentir una paz que no había experimentado antes.

Situaciones como la de Michael se viven en muchas relaciones. A veces por costumbre, por falta de amor propio, por miedo a la soledad o por simple codependencia aceptamos malos tratos, traiciones y mentiras. En mi experiencia como biosanadora y terapeuta, y en lo que he visto en mis pacientes, que son mis mayores maestros, la persona que traiciona siempre lo hace con una intención. Sin importar cuál sea el motivo, hay egoísmo y la persona infiel siempre busca su bienestar a costa de los demás. Analízalo y verás. La persona que traiciona siempre está buscando un beneficio y, consciente o inconscientemente, hiere al otro con tal de salir bien librada de la situación, mientras que la víctima de la traición, en la mayoría de los casos ha entregado todo de sí y está completamente vulnerable, porque para ella la relación está basada en un acuerdo de confianza, que obviamente no piensa que será vulnerado.

El poder del perdón

Siempre he pensado que perdonar es uno de los actos más difíciles. Decir que perdonamos a una persona de dientes para afuera es muy fácil, pero perdonar de corazón es supercomplicado. Recuerdo que cuando era jovencita, uno de mis primeros amores me traicionó y yo le dije que lo perdonaba y le di una segunda oportunidad. Pero, durante esa oportunidad, le sacaba en cara lo que me había hecho y un día me dijo: "¿Me perdonaste o no? Porque si me vas a sacar en cara todos los días que te traicioné hace 8 meses, no me estas perdonando en realidad". Lo primero que pensé es que era un cínico y que no tenía derecho a decirme nada, porque me había traicionado, pero hoy, al analizarlo, pienso que si no era capaz de perdonarlo, no debí hacerlo. Por eso es tan importante analizar si uno es capaz de lidiar con ese perdón, porque si no, es mejor no hacerlo.

Quienes son católicos o cristianos quizás hayan oído la premisa de la Biblia en la que Jesús dice que uno debe perdonar hasta setenta veces siete. La encuentras en Mateo 18:21-35, y así comienza: "Se acercó Pedro y dijo a Jesús: 'Señor, ¿cuántas veces tendré que perdonar a mi hermano las ofensas que me haga? ¿Hasta siete veces?'. Jesús le respondió: 'No te digo hasta siete veces, sino hasta setenta veces siete. Por eso, el Reino de los Cielos se parece a un rey que quiso arreglar las cuentas con sus servidores'".[37] Quienes fuimos educados en el catolicismo aprendimos que el perdón y la reconciliación son algunos de los pilares más importantes de la vida en la Tierra. Esto lo explica la Biblia bajo la premisa de que Dios es amor y nos da amor sin medida, demostrando que siempre estuvo dispuesto a perdonar. Según la Iglesia, cuando uno comete un pecado busca a un sacerdote y se confiesa, y él está en capacidad de perdonar todos los pecados. Así, después de la confesión, la vida sigue como siempre. Acá perdonar no se trata de una operación matemática en la que se cuenta cuántas veces se ha perdonado, sino que se ofrece un perdón al otro en cualquier circunstancia y de manera incondicional.

Todo esto suena sencillo y, en principio, quienes practican el cristianismo y el catolicismo deberían regirse por esto, pero la realidad es que perdonar no es fácil, porque están de por medio nuestros sentimientos, el ego y una serie de emociones. En el libro *Perdono, pero no olvido*,[38] Papá Jaime asegura que perdonar y pedir perdón son actos de inteligencia y de sabiduría que liberan y dan paz interior. Estoy de acuerdo con eso: perdonar es un acto de liberación, pero la clave está en entender cómo hacerlo, pues a mi modo de ver es algo muy difícil de procesar. Aunque lo anhelemos desde el fondo del corazón, muy pocas veces se logra un perdón total. Muchas personas pensamos que hemos perdonado y cuando tenemos miedo a perder al otro le decimos que lo perdonamos, pero en esos casos se trata más de un perdón estratégico que de un perdón real.

---

[37] https://www.bible.com/es/bible/127/MAT.18.21-35.NTV

[38] Jaramillo (2021).

Piensa en una situación en la que hayas perdonado a tu pareja por un error que cometió. Ahora, recuerda la rabia que sentiste cuando volvió a cometer el mismo error. Si la rabia persiste es porque hay rencor, y si hay rencor es porque no has perdonado. Cuando el perdón se concede del todo, lo que queda es paz. Perdonar es liberarse del pasado y recordar sin odio ni rencor es pensar en esa situación como un aprendizaje.

Quien logra perdonar, logra sanar. Sin duda alguna, el perdón es la mejor de todas las medicinas. Lo veo en todas las personas que vienen a mi terapia. Para mí la mayoría de las enfermedades, más allá de sus síntomas físicos, aparecen por falta de perdón: no haber perdonado a un padre que te abandonó, a una madre que fue dura, a una pareja que te lastimó, a un jefe que te maltrató. Piensa en una situación con tu jefe: si te grita y te lastima, seguramente después te duele el estómago y comienzas a enfermarte cada vez que vas al trabajo. Quieras o no, aquí te sientes lastimado, te duele el ego y te enfermas. Luego, cuando lo ves a la cara, te cuesta perdonarlo. Esto es absolutamente normal, yo siempre le digo a la gente que no se sienta mal por no poder perdonar, es un proceso difícil, pero se logra. Lo importante es entender que el tiempo ayuda, que si piensas en el beneficio que trae el perdón podrás salir adelante.

Hay algo importantísimo y necesario a la hora de hablar del perdón, y es el hecho de que perdonar no significa olvidar. Hago esta aclaración, pues quien perdona debe ser consciente de lo que vivió para evitar que le vuelva a suceder. Dice Jaime Jaramillo en su libro *Te amo, pero soy feliz sin ti*,[39] que cuando una persona perdona la primera vez lo hace desde la inocencia, pues jamás se pudo haber imaginado que ocurría una traición.

---

[39] Jaramillo, *op. cit.*

Pero quien perdona una y otra vez, olvidando lo que le hicieron, se convierte en cómplice de quien le hace daño. Estoy de acuerdo con esta afirmación. Una cosa es perdonar por tu bien personal y tu paz mental, y otra es perdonar por codependencia o miedo a perder al otro; ten presente que quien realmente te ama y te lastima una vez, no lo vuelve a hacer.

Cuando hablamos de perdón, no solo se trata del que uno le concede a otra persona, sino también del que uno se otorga a sí mismo. Así como el amor propio es fundamental para amar a otros, perdonarnos a nosotros mismos es crucial a la hora de perdonar a otro. Muchas veces somos muy autocríticos y rencorosos con nosotros mismos. Cuando alguien nos falla y nos hace daño, en muchos casos nos responsabilizamos por esa falla y nos sentimos culpables de lo que haya sucedido, así quien nos haya maltratado sea alguien más. Perdonarse a uno mismo es absolutamente necesario.

Hay un ejemplo que veo muchísimo en las parejas divorciadas, tras una relación en la que alguno de los dos le fue infiel al otro. En la mayoría de los casos, quien decide divorciarse después de un tiempo siente una gran culpa por el dolor que le causó a su familia. Lo veo en hombres que conocen a otra mujer y deciden divorciarse de su pareja con el fin de rehacer su vida. Muchos de ellos cargan con una culpa constante que no los deja en paz, y por eso se vuelven permisivos con sus hijos o incluso tratan de comprar a sus hijos con dinero. No sé si has visto casos de hombres divorciados que tras la ruptura comienzan a ser más complacientes y a comprarles todo tipo de lujos a sus hijos. Esto lo hacen impulsados por la culpa.

De perdones y culpas

Voy a contarte la historia de Carlos, un hombre de 47 años que llegó a mi consulta con unas migrañas terribles. Carlos había conocido a Nicole en su oficina y desde el primer momento ella le llamó la atención. Llevaba casado 23 años y tenía una niña de 12, a quien amaba y con quien era muy unido. A la niña le encantaban los deportes y jugar futbol, por lo que se sentía identificado con ella. La relación con su esposa era algo cordial, pero él nunca se había sentido enamorado del todo, y me dijo que se había casado porque era la mujer perfecta para tener hijos y establecer un hogar, pero nunca por amor. Es más, me contó que se había casado estando enamorado de su expareja, una mujer a la que pilló siéndole infiel.

Durante todo el matrimonio Carlos tuvo relaciones con diferentes mujeres. Incluso duró más de 12 años con una de sus amantes. Acá hago un comentario personal y es que me parece increíble que una persona haya logrado tener una relación alterna a su matrimonio durante tantos años y que nadie la pillara. Él era de origen mexicano, un hombre muy guapo y sobre todo muy simpático, y en cada consulta me hacía reír mucho, pues tenía un excelente sentido del humor. Cuando comenzamos la primera consulta me contó acerca de lo traumático que estaba siendo su divorcio, pues la madre de su hija y quien ahora era su exesposa no quería ceder en nada y negociar los términos del divorcio estaba siendo muy difícil, y además la niña había tomado partido en la situación, pues su madre le había dicho que el papá las estaba abandonando por otra mujer. Imagínate lo que debe sentir una niña de 12 años cuando su madre le dice que el padre las abandonó por otra mujer; para ella debió ser terrible escuchar eso, más si su relación era buena y ella lo admiraba.

La niña estaba traumatizada y se negaba a dirigirle la palabra, por más que él iba a diario a recogerla para llevarla al colegio. Ni siquiera lo saludaba cuando se subía al carro e incluso le había pedido a su mamá que le dijera a su papá que solo fuera a verla una o dos veces al mes.

La situación para Carlos no era fácil, pues también en el trabajo la pasaba mal, pues se sentía muy presionado a cumplir con las metas establecidas por su jefe. En medio del divorcio, la exigencia de la empresa y la construcción de un nuevo hogar, Nicole se convirtió en la ilusión y la vida de Carlos. Él no tenía ojos para nadie más que ella, la veía como una reina y así la trataba, quería darle lo mejor de lo mejor con tal de que no se fuera de su lado. Nicole era una mujer exitosa y muy elegante, algo de lo que carecía su exesposa, que era una mujer mayor y un poco más tradicional. Carlos era de los hombres más enamorados que me han llegado a terapia.

Cuando comenzamos a evaluar el origen de sus dolores de cabeza, lo primero que pensamos es que estaba angustiado por el divorcio y por todos los gastos que se le venían a la hora de que se estableciera la cuota alimentaria que debía pasarle a su exesposa, más las responsabilidades de la niña. Pero yo sabía que había algo más. Pese a que sabía que estaba enamorado de Nicole, yo presentía que él sentía culpa por el divorcio y por la situación que estaba viviendo con su hija.

Como Carlos, a cualquier persona que se siente agobiada por las dudas, el estrés y las situaciones a las que no se les encuentra una solución inmediata, le duele la cabeza. Si bien el estrés es un desencadenante, para mí, la angustia, el exceso de pensamientos y la duda son factores cruciales a la hora de tener problemas en la cabeza. En la biodescodificación, la cabeza nos representa, es la parte de nuestro cuerpo que se encarga del intelecto, de las ideas, de procesar toda la información que entra y sale. Por eso cuando la cabeza nos duele hacemos alusión a que nos estamos desautorizando a nosotros mismos, que nos estamos exigiendo y no estamos perdonando nuestras propias fallas.

Quienes sufren de migraña o dolores de cabeza son personas que quieren verse perfectas ante los demás. Según Lisa Bourbeau, en el *Diccionario de Biodescodificación* la cabeza tiene una relación directa con el "yo soy".[40] Una persona que siente dolor de cabeza se desprecia por las decisiones que ha tomado y es posible que no acepte sus propios actos y que se esfuerce por pensar y buscar soluciones más allá de sus capacidades. Es el ejemplo de las personas que ante cualquier situación quieren buscarle diez caras a la moneda y que se empeñan en hallar explicaciones que los atormentan mucho y resuelven poco.

Esto era lo que le estaba pasando a Carlos: estaba viviendo una situación en la que buscaba soluciones más allá de sus capacidades y tenía pánico de no poder resolver todo de la mejor manera. Cuando le dije que lo que veía en él era culpa y falta de perdón a sí mismo, me dijo que había sentido un calambre en la sien y que le hacía mucho sentido esto que le decía. Le pedí que por favor se hiciera una carta a él mismo pidiéndose perdón y agradeciéndole a su cerebro por todo lo que había logrado hasta el momento. Le recomendé además ponerse compresas de hielo en la cabeza y leerse mi libro *Que tu vida no sea un dolor de cabeza*,[41] para que comprendiera un poco más ese tipo de malestar desde el punto de vista médico y de la biodescodificación. Con estas tareas quería que se preparara para la siguiente sesión, en la cual comenzaríamos su proceso de autoperdón.

---

[40] Vilanova i Pujó (2013).

[41] Novoa y Bello, *op. cit.*

En nuestras sociedades vivimos desempeñando un constante papel de víctimas y victimarios, dentro del cual nos quejamos constantemente por las situaciones que nos ha tocado vivir y muchas veces culpamos a otros por nuestra realidad, sin entender que esas quejas provienen de la culpa que se va acumulando en nuestro interior desde niños. Si sentimos una culpa de la cual nos arrepentimos realmente, nos perdonamos y hacemos algo para repararlo. El problema es que muchas veces o nos quedamos en el papel de víctimas y justificamos nuestros actos, o no sabemos identificar que nos sentimos culpables y que esa culpa no nos deja avanzar.

Cuando estamos ante un caso de falta de perdón hacia alguien que nos lastimó, lo primordial es sanar y perdonar a esa persona, pero cuando la falta de perdón es hacia uno mismo, la situación se complica, porque es muy difícil detectar el rencor que tenemos contra nosotros mismos. Solemos buscar chivos expiatorios o culpables en los demás, pero no nos damos cuenta que la herida más profunda puede estar dentro de nosotros mismos.

Lastimosamente, esto lo veo mucho en pacientes latinoamericanos. Parece como si viniéramos programados para buscar siempre a quien culpar. Por ejemplo, si nuestra pareja nos traiciona, le echamos la culpa a el o la amante, si se nos pincha la llanta del carro decimos que alguien lo hizo, pero nos cuesta mucho entender que estas situaciones traen un aprendizaje y requieren de una autoevaluación. En el caso de la pareja que nos traiciona, la nueva novia o el nuevo novio no serían los culpables, lo es la pareja que elegiste y la vida te está mostrando que no es de confiar; en el caso de las llantas, quizás las deberías haber revisado antes de subirte al carro o simplemente comprender que son situaciones que ocurren y que hay que seguir adelante.

Si bien lo he dicho en todos mis libros, quiero repetirlo aquí: el primer paso para lograr una sanación es la aceptación, y el paso definitivo es el perdón. ¿Cómo saber que hemos perdonado? Cuando entendemos y reconocemos que esa situación nos dejó una lección de aprendizaje. Cuando convertimos la culpa, el dolor, el odio y la ira en transformación, comprendemos que enfrentar todo tiene la finalidad de enseñarnos algo, y que ese aprendizaje viene camuflado en diferentes personas y circunstancias.

Toda situación sentimental trae algún proceso de perdón en su interior, ya sea porque herimos al otro, porque le hicimos daño a nuestro cuerpo por la manera en que nos alimentamos, porque dejamos de dormir demasiadas horas, porque consumimos drogas, tomamos alcohol o nos maltratamos. También hay un sentimiento de culpa y falta de perdón cuando nos vinculamos con alguien que nos hace daño, y es importante entonces perdonarnos también.

Para lograr los procesos de perdón siempre te recomiendo que trabajes con una persona experta. En la mayoría de los casos la necesidad de perdonar se hace evidente cuando comienzas a enfermarte, cuando no puedes conciliar el sueño o cuando amaneces con angustia y ansiedad. Es importante aclarar que cuando alguien te hace daño y te alejas, eso no es garantía de que hayas perdonado a la persona: conozco mucha gente que después de muchos años aún siente rencor hacia sus padres o hacia exparejas que le hicieron daño. Un proceso de perdón no significa reconciliación. Puedes perdonar a tu expareja por el daño que te causó, pero esto no garantiza que vayas a regresar con ella. Lo mismo sucede con un trabajo en el que te sentiste herido y decides renunciar; al cabo del tiempo te das cuenta de los aprendizajes que tuviste, perdonas a esa empresa, pero eso no quiere decir que vayas a volver a trabajar allá.

Otra cosa fundamental en los procesos de perdón es comprender que perdonar a una persona no significa que ella vaya a cambiar. El acto de perdonar lo debes hacer por ti y por nadie más, pues al perdonar le quitas el poder que le has dado durante el tiempo en que te has enfocado en el rencor y la ira.

En caso de que desees ser perdonado por otra persona, lo primero que debes hacer es perdonarte a ti por haberle causado daño al otro, evaluar hasta dónde estás dispuesto a pedir perdón y luego acercarte a esa persona y presentarle unas disculpas sinceras. Cuando pedimos perdón, muchas veces venimos llenos de excusas e intentamos justificarnos, pero créeme que lo último que quiere o necesita una persona herida es que te justifiques. Lo que debes hacer es ofrecer una disculpa sincera y esperar, porque la decisión de perdonar está en manos de la otra persona.

Pero regresemos al caso de Carlos. Como recuerdas, le pedí que escribiera una carta, y una vez lo hizo, y leyó el libro, comenzamos un proceso de perdón, durante el cual le pedí que, en lugar de dedicar la hora de terapia a quejarse de la situación de su divorcio, usáramos ese espacio para transformar lo que estaba pasando en un aprendizaje. Con este ejercicio quería que una situación por la que se estaba culpando y que lo tenía atrapado fuera transformada en un aprendizaje, como herramienta para liberar la culpa.

Comenzó a decirme que su mayor aprendizaje era poner límites. Había estado casado durante muchos años, solo para mantener la imagen de un hogar ante la sociedad, pero no por amor, y quizás, si hubiera sido honesto desde un comienzo, las cosas habrían sido diferentes.

Otro aprendizaje para Carlos era la honestidad hacia su familia: había querido proteger a su exesposa y a su hija a punta de mentiras, para que ellas no sufrieran, pero la realidad era que el velo del engaño se iba a caer y las más afectadas serían ellas. Otra de las transformaciones que encontramos es que Carlos siempre había estado acostumbrado a que le hicieran todo, a que su exesposa le resolviera la vida y le dejara todo listo. Ahora, ante el divorcio, tenía que trabajar y atenderse solo. Se estaba enfrentando a la vida real, en la que cada quien debe resolver y responsabilizarse por sus cosas. Y lo más importante y que más me llamó la atención fue cuando me dijo: "Lo mejor de todo este proceso es que conocí a Nicole. Quizás no fue la manera correcta, pero me enamoré perdidamente de ella y no tengo por qué sentirme culpable, pues en el corazón nadie manda y considero que hice lo correcto. Por fin hablé con mi exesposa y le pedí el divorcio, pues estaba cansado de vivir en un mundo de mentiras. Creo que debía afrontar las cosas de raíz, pues Nicole no merecía menos que tener un hombre emocionalmente disponible a quien presentar a su familia y con quien hacer su vida".

Cuando terminó la sesión me comentó que estaba siguiendo el protocolo autoinmune de alimentación para migraña, que yo sugiero en mi libro, y estaba documentando todo en su diario de migraña, tanto las emociones como los alimentos que le afectaban cuando tenía dolor de cabeza. Además, continuaba usando las compresas frías en la cabeza.

Volvimos a tener cita a las dos semanas y Carlos había reducido sus migrañas de 7 a 3 veces a la semana, lo cual considero una gran victoria. El proceso de autoperdón estaba funcionando, pero más allá del número de veces que le dolía la cabeza, estaba feliz, pues comenzaba a ver la vida de otra manera. Desde que decidió perdonar, los abogados lo habían llamado y le dijeron que su exesposa aceptaba las condiciones de divorcio y por fin iba a poder poner fin a ese asunto.

Siempre lo digo: los procesos emocionales y las situaciones difíciles se dan como ventanas de aprendizaje. Cuando tenemos días difíciles, es normal que se nos nuble la cabeza y que veamos todo negativo, pero es en esos momentos, cuando quieras quejarte y tirar todo por la borda, que debes tratar de respirar y analizar qué es importante cambiar, qué debes perdonar. Los procesos de perdón son superpoderosos, seas de la religión que seas o creas en la doctrina que creas. Lo importante es perdonarte a ti primero, para luego poder perdonar a los demás. El perdón libera y es la etapa que concluye un proceso de sanación.

Ejercicios para sanar el corazón

Sanar un corazón requiere de muchos factores y el que los encabeza es el perdón. Reconocer que fallamos, aceptar que debemos cambiar, abrirnos a nuevas oportunidades y comprender que cada situación que se nos presenta es un aprendizaje te ayudará a sanar más rápido.

En este capítulo voy a presentarte una serie de herramientas y ejercicios que me han ayudado a mí y a mis pacientes a sanar el corazón de raíz. Ten en cuenta que esta no es una tarea fácil, pero se logra si tienes la disposición y el deseo de hacerlo.

Carta de perdón

Instrumentos:

- Vela blanca
- Papel
- Lápiz
- Encendedor o fósforos

Proceso:

En un momento de tranquilidad y privacidad en el que no tengas afán, vas a tomar el lápiz y el papel y te vas a sentar a escribir una carta para pedirte perdón a ti o a la persona que necesitas perdonar.

1. **Desahógate y suelta:** En la primera parte de la carta vas a escribir todo lo que sientes. Por ejemplo: me odio porque me he hecho daño, me siento desgraciado por la situación en la que he vivido... En esta primera parte vas a decir todo lo que sientes, vas a sacar de ti el dolor y lo vas a plasmar en el papel.
2. **Enumera lo que te molesta:** Vas a hacer la lista de una serie de cosas que te molestan sobre ti o sobre la persona a quien quieres perdonar. Por ejemplo:
   - Me molesta que no me prestaras atención y estuvieras en el celular.
   - Me molesta que no me acompañaras a mis compromisos.
3. **Agradece:** Una vez hayas escrito todo lo que te daba rabia y te hayas desahogado completamente, vas a escribir: "*Pese a todo este dolor y a lo que he vivido, vengo a agradecerte por...*", y entonces harás una lista de todo por lo que has pasado. Por ejemplo:
   - Te agradezco que me hayas hecho caer varias veces para levantarme y hoy ser una persona fuerte.
   - Te agradezco por las veces que me ignoraste y rechazaste, porque hoy no necesito que nadie me valide más que yo mismo.
4. **Reconoce:** Una vez finalizada la carta donde liberas tus sentimientos y luego agradeces el aprendizaje, escribes lo siguiente: "*Te bendigo, te suelto y te agradezco. Ya aprendí*

de ti lo que necesitaba para mi crecimiento y bien mayor. Ahora te libero, pues ya no te necesito más".

5. Ahora vas a quemar, con cuidado, la carta con la llama de la vela blanca. Hazlo en un patio o en algún lugar donde no te vayas a quemar, también ten a la mano un plato o vasija resistente al calor, para poner ahí el papel encendido. De esta manera estarás liberándote de manera simbólica del dolor que sentías.

Las 50 gracias

Cuando agradeces, vives en la abundancia; cuando te quejas, vives en la escasez. Siempre que quieras liberarte de una situación, el agradecimiento será tu mejor aliado, pues contribuye a la resiliencia, a la esperanza y te puede ayudar a manejar la situación de una mejor manera. Además, dar gracias también es una muy buena herramienta para gestionar el estrés, pues aumenta los neurotransmisores esenciales al liberar dopamina, oxitocina y serotonina. Es por eso que en este ejercicio vas a perdonar 50 veces.

Instrumentos:

Un rosario o un *japa mala* (el *japa mala* es una sarta de 108 cuentas esféricas, generalmente de madera, que se usa en el hinduismo y el budismo para recitar mantras y contar las repeticiones, básicamente lo mismo que se hace cuando se reza el rosario).

Proceso:

Durante 30 días, vas a tomar el rosario (o el *japa mala*) y vas a repetir la palabra *GRACIAS*. Tomas el rosario como si fueras a rezar las avemarías, pero en lugar de eso, vas a usar cada una de las pepitas para contar tus repeticiones.

El ejercicio de gratitud lo vas a hacer dos veces al día.

El poder de las palabras

Quizás hayas oído que las palabras pueden destruir y herir más que los actos. Pues bien, las palabras son nuestras mejores aliadas a la hora de buscar cambios, pues son las encargadas de moldear la mente para luego convertirse en pensamiento o acción. Así como son de poderosas para destruir, son especialmente poderosas para crear, conquistar y enamorar. Por eso en este ejercicio vamos a utilizar su inmenso poder.

Nosotros tenemos el poder de reprogramar la mente. Por eso, mediante la reprogramación neurolingüística logramos cambiar patrones de pensamiento y de hábitos para ser más exitosos. Esta técnica nos enseña que los pensamientos positivos pueden generar efectos en nuestro cerebro. Cuando aprendemos a cambiar los pensamientos negativos por positivos a través de afirmaciones, y hacemos conciencia de las cosas negativas que nos decimos a nosotros mismos en el diálogo interior, el cerebro comienza a responder de manera distinta.

Proceso:

Durante 21 días, que es el tiempo que toma nuestro cuerpo para acostumbrarse a un nuevo hábito, cuando te levantes todas las mañanas vas a repetir frente al espejo: *"Por mi libertad, mi paz y mi bienestar me perdono a mí mismo y te perdono a ti_______ (pones el nombre de la persona a la que necesitas perdonar), te libero y me libero. Amén"*.

Muévete 20

Cuando hablamos del ejercicio cardiovascular muchas veces pensamos que sirve únicamente para bajar de peso o adelgazar. Pero resulta que la propia palabra "cardiovascular" hace referencia a que el ejercicio nos ayuda con el funcionamiento del corazón. Según la Organización Mundial de la Salud, deberíamos realizar entre 150 y 300 minutos de actividad aeróbica moderada a la semana, es decir, que si camináramos o bailáramos 20 minutos al día durante 7 días estaríamos cumpliendo con el requerimiento mínimo semanal. Puede que en este momento te preguntes qué tiene que ver el ejercicio con sanar tu corazón o perdonar. Pues bien, así como el ejercicio te ayuda a mejorar tu salud a nivel físico, al hacerlo se libera toda la tensión acumulada en el cuerpo, lo cual genera la liberación de endorfinas, un neurotransmisor encargado de hacernos sentir mejor y más felices.

Si bien es muy importante que te ejercites y te mantengas activo, hacerlo al aire libre es más beneficioso, pues conectar con la naturaleza te genera mayor bienestar. Cuando estamos al aire libre, nuestros cinco sentidos recogen lo mejor del ambiente y eso nos permite entrar en un estado meditativo que nos ayuda a despejar la mente y reducir la ansiedad. Entonces, si tienes la posibilidad de salir 20 minutos de tu casa, caminar de un lado a otro, ir al mercado, hacer una llamada en la calle o tener algún tipo de conexión con la naturaleza, tu cuerpo te lo va a agradecer. Cuando estamos frente a un pastizal o frente a un paisaje, por ejemplo, nos damos cuenta de lo pequeños que somos y, de esa misma manera, de lo pequeño que puede llegar a ser el sufrimiento comparado con toda la inmensidad que está ante nosotros. Eso nos ayuda a percibir las situaciones en su justa proporción.

Aprende algo nuevo

Para aprender algo nuevo no necesitas ir a la escuela o matricularte en un posgrado o diplomado. Una de las mejores herramientas cuando estamos tristes o tenemos el corazón roto es enfocar la mente en una nueva destreza. Tejer, pintar, bailar, entrar en clases de yoga o de pilates, aprender a jugar pádel, mejor dicho, cualquier tipo de actividad que requiera tu completa atención, te ayudará a transformar la tristeza en algo diferente, pues tu mente estará ocupada y enfocada en algo nuevo.

Facundo Cabral, el cantautor argentino, escribió: "No estas deprimido, estas distraído". Cuando estamos tristes porque terminamos una relación, cuando algo nos hirió, está muy bien vivir el duelo (lo hemos hablado en este libro), pero, después de un tiempo, si analizamos la situación, comprenderemos que se trató del cierre de un ciclo y de un aprendizaje que tenía que culminar en nuestra vida. Es por eso que distraer la mente en otra actividad que requiera tu total atención te permitirá sobrellevar el dolor.

Conecta y socializa

Los seres humanos somos seres sociales y crecemos en comunidad. Con la llegada de la pandemia las cosas han cambiado y nos aislamos por miedo al contagio; ahora muchos trabajamos desde la casa y cada vez tenemos que vernos menos la cara, pues el mundo virtual se ha convertido en nuestro espacio principal. Pero la realidad es que socializar, compartir y estar en familia o en comunidad nos hace mucho bien. Lo necesitamos. Piensa cuando te reúnes con tus amigos a echar chismes y a contarse anécdotas, todo es risas y te distraes, tu cerebro se pone feliz y las endorfinas saltan a millón.

Lo importante cuando sufres una pérdida o un mal de amor es entender que no estás solo, que si no tienes amigos o vives una vida aislada a nivel social, hay grupos de apoyo en todos lados; un ejemplo son los grupos religiosos, la gente en los clubes deportivos o de lectura. Lo que necesitas es buscar un nicho con el que te identifiques, para que puedas compartir en comunidad, desahogarte y entretenerte.

Adopta a un peludo

En un capítulo anterior hablamos del amor incondicional y sanador de los animalitos. Ellos son excelentes para acompañar y apoyar la sanación emocional de las personas, pues aportan una sensación de unión y pertenencia. Cuando terminamos una relación larga o a la que estábamos muy aferrados, lo primero que podemos notar es un gran vacío. Según los expertos, una mascota te ayuda a sentirte acompañado y cuidado. Además, te va a obligar a salir, a estar en contacto con el aire libre, a socializar, te mantiene distraído y te hace sentir útil y ocupado, pues debes limpiarlo, arreglarlo y estar pendiente de su cuidado.

Ho'oponopono para el amor

No podía cerrar sin hablar de una de mis herramientas favoritas para el perdón y para atraer el amor: el Ho'oponopono. Esta es una técnica milenaria que se enfoca en un proceso de reconocimiento, arrepentimiento y perdón. Es muy sencillo, solo debes repetir cuatro frases cortas y con esto basta para que tu cerebro active comandos y comience a perdonar. Es un poco lo que hablábamos antes sobre la reprogramación neurolingüística, pero con comandos superpoderosos. Las frases son: Te amo.

Lo siento. Perdón. Gracias. Vamos a desglosar el impacto que tiene cada una:

> **Te amo:** Cuando repetimos "te amo" las vibraciones van a transmutar la energía estancada en energía que fluye.
> **Lo siento:** Con estas palabras reconoces que sientes lo que haya pasado y que eres consciente de lo que esto implica.
> **Perdón:** Le pides al universo que te perdone por haber atraído esta situación a tu vida. Cuando pedimos perdón, le pedimos a Dios que nos ayude a perdonarnos y a superar esta situación.
> **Gracias:** Estás agradeciendo al universo, a Dios y a tu interior, por poder resolver el problema que estás viviendo. Además estas soltando y entregando toda tu confianza hacia la resolución del asunto.

¿Cómo se hace? Muy sencillo. Mi recomendación es repetir las frases, en ese orden, las veces que quieras durante el transcurso del día: "Te amo. Lo siento. Perdón. Gracias". Aquí lo importante es que repitas estas frases desde la confianza y no desde el control, pues muchas veces queremos controlar lo que ocurre y no permitimos al universo actuar a nuestro favor. Presionamos para que nos dé los resultados que nosotros queremos, basados en una desconfianza hacia el plan divino.

Me imagino que te estarás preguntando: "Bueno y ahora ¿cuál ejercicio hago primero y cual hago después? No me va a alcanzar el día para hacerlos todos". Pues bien, te cuento que no tienes que hacerlos todos, comienza con uno y vas mirando cómo te va. El que más recomiendo siempre es la carta de perdón. Además de que es muy eficaz, es un acto superpoderoso. De ahí en adelante, puedes elegir el que mejor resuene contigo o con el que te sientas cómodo. Lo importante es que lo apliques desde el fondo de tu corazón. Recuerda que todo en esta vida tiene solución y que aquello que hoy nos incomoda y nos martiriza, mañana será tu mejor lección y aprendizaje; recuerda que lo que hoy odias o ves como enemigo, mañana será tu mejor maestro. Solo logramos salir adelante cuando nos enfrentamos con situaciones que nos incomodan.

Ejercicio de amor propio propuesto por Rocío Barrios[42]

Te dejo 5 *tips* llenos de sabiduría para que practiques a diario y fomentes tu amor propio que, como vimos al principio del libro, es la base para tener relaciones que te sanen y no te enfermen.

1. Date cumplidos cuando hagas algo bien y ánimos cuando fracases.
2. Confía en ti cada día.
3. Perdónate cuando te falles a ti mismo o a los demás.
4. Ponte metas sencillas y positivas cada día y siéntete orgulloso cuando las logres. Celébralas.
5. Cuando algo te genere miedo o inseguridad, actúa a pesar de esas barreras.

Es pertinente vivir en amor propio porque es el único lugar que tienes para sentirte cobijado por ti y porque eso te hace una mejor persona.

"Lo mejor del mundo es saber pertenecerse a uno mismo".
–Michel de Montaigne

---

[42] Véase nota 6.

Para terminar

Quiero agradecerte por haber llegado hasta esta página del libro. Y si comenzaste por la conclusión, también quiero pedirte que te des la oportunidad de leerme con calma y con el corazón abierto. Mi mayor intención es mostrarte cómo el amor nos puede transformar, a partir de historias reales de personas que han sufrido pérdidas y que han logrado salir adelante. Durante estos capítulos quise brindarte herramientas de esperanza, para que puedas ver más allá del sufrimiento que genera una ruptura, un desamor o una relación tóxica. Quiero que sepas que donde existe el amor propio y el amor por la vida, siempre habrá una salida.

No todo es idílico ni perfecto, porque precisamente de eso se trata la vida: de aprender, salir adelante y repetir las lecciones. Los mejores maestros nacen a partir de los grandes aprendizajes. Y, como humanos, vivimos en constante evolución y lo más seguro es que la vida nos ponga aprendizajes continuos.

Una amiga me decía hace poco que estaba cansada de sufrir, que la vida le ponía pruebas muy difíciles todos los días. Ante su queja le respondí que eso sucedía porque estaba viviendo la vida, porque estaba creciendo y crecer a veces duele. Pero que estaba en ella la decisión de ver esos aprendizajes como un calvario o como una oportunidad para fortalecerse.

Recuerda el primer noviazgo que tuviste y la primera ruptura. Quizás hoy te rías porque te parezca que sufriste por nada, porque ya no te parece tan relevante como lo sentiste en ese momento. ¿Y por qué pasa eso? Hoy te ríes, porque tienes una madurez y una templanza diferente a la de entonces. Te diste la oportunidad de vivir la vida y de tomar este aprendizaje y seguir adelante. Piensa que cuando estabas en el jardín infantil y te ponían alguna tarea difícil, quizás si la ves hoy te va a parecer que es muy fácil, pero en ese momento era todo un reto para ti.

Te invito a que pienses que lo que hoy es un reto y un dolor para ti, en unos años será solo un aprendizaje más. Recuerda que, en unos años, cuando mires hacia atrás, te vas a reír, porque lo que hoy es sufrimiento luego será una anécdota.

Te quiero invitar también a que asistas a terapia. Invierte en tu sanación, en tu proceso, ya sea con un terapeuta, un psicólogo, un psiquiatra, o cualquier especialista que esté a tu alcance. No dejes que el ego humano sobrepase tu capacidad de darte amor a ti mismo. Para tener amor propio debes trabajar en ti todos los días. Ese es el mejor regalo que puedes darte.

Solo me queda pedirles a todos mis lectores que siempre escuchen su corazón. Que sepan que en esta vida todo tiene un comienzo y un final. Cuando se vean dentro de esa nube gris de sufrimiento, piensen siempre que la luz volverá a brillar. La tempestad no dura para siempre y todos merecemos volver a ser felices después de la adversidad. Si tú hoy, al leerme, estás viviendo un momento difícil, déjame decirte que todo va a estar bien, que es solo un momento de aprendizaje que te está enviando la vida para hacerte más fuerte. También es una oportunidad para sanar. Recuerda que donde hay amor siempre habrá magia, y que mientras haya vida siempre habrá esperanza.

Agradecimientos

Quiero agradecerles a todos mis pacientes porque han sido mis mayores maestros. Todo lo que he plasmado aquí hace parte de un trabajo que gracias a la generosidad de ustedes he podido sacar adelante. A veces uno vive en una burbuja y no se da cuenta de que existen otras realidades, pero ustedes me permiten trabajar en mi empatía a diario y ver lo grande y diverso que es el mundo. Gracias, porque todos los días me muestran lo que han tenido que vivir, porque todos hemos tenido algún tipo de sufrimiento, pero que con resiliencia y amor siempre se puede seguir adelante.

También doy inmensas gracias a mi esposo Eric, por todo el amor y la compañía en este proceso de sanación. Llegaste a mi vida a rescatar un corazón que poco a poco se ha reconstruido. Eres mi hogar y esto te lo debo a ti. Te amo infinitamente.

Quiero darles un agradecimiento muy especial a mis papás, quienes son mi núcleo. Tuve la bendición de nacer en una familia maravillosa en la que siempre he estado rodeada de amor. Le doy gracias a mi hermana, Andreíta, porque fue quien me inspiró para convertirme en terapeuta y dedicarme a ayudar a muchas personas a encontrar su misión de vida, poder dar mi testimonio y utilizar mi don y mis herramientas al servicio de la humanidad. A mis amigos incondicionales, Paula, Sachari y Carlos, que con el amor y la incondicionalidad me mostraron que se puede volver a sonreír y que siempre hay una nueva oportunidad.

Gracias a mis ángeles que me cuidan desde el cielo y me guían a diario para servirles a los demás, porque soy una servidora de Dios. Gracias.

A Editorial Planeta y a Mariana Marczuk, por su apoyo en la publicación de mis primeros tres libros. Han sido una casa maravillosa para mí y para ellos. Y a mi editora, Carolina Vegas, quien, además de ser mi gran compañera, es una hermana de la vida. Caro: gracias por ayudarme a plasmar de forma perfecta el mensaje de sanación que trae la fuerza universal del amor.

Bibliografía

Ainsworth, Mary D. "Attachment as related to mother-infant interaction". *Adv Stud Behav*. 1979;9:1-51.

Allen, Karen, Jim Blascovich y Wendy B. Mendes. "Cardiovascular reactivity and the presence of pets, friends, and spouses: The truth about cats and dogs". *Psychosom Med*. Septiembre-octubre de 2002;64(5):727-739.

American Pet Products Association. "Household penetration rates for pet ownership in the United States from 1988 to 2013". *Statista–The Statistics Portal*. Julio de 2014. Consultado el 24 de octubre de 2014. En http://www.statista.com/statistics/198086/us-household-penetration-rates-for-pet-owning-since-2007

Archer, John. "Why do people love their pets?" *Evol Hum Be*. Julio de 1997;18(4):237-259. En http://doi.org/10.1016/S0162-3095(99)80001-4

Assef, Jorge. *La subjetividad hipermoderna: Una lectura de la época desde el cine, la semiótica y el psicoanálisis*. Buenos Aires: Grama, 2013.

Bartels, Andreas, y Semir Zeki. "The neural basis of romantic love". *NeuroReport.* 27 de noviembre de 2000;11(17):3829-3834. En https://journals.lww.com/neuroreport/Fulltext/2000/11270/The_neural_basis_of_romantic_love.46.aspx

Beetz, Andrea, Kerstin Uvnäs-Moberg, Henri Julius y Kurt Kotrschal. "Psychosocial and psycho-physiological effects of human-animal interactions: The possible role of oxytocin". *Front Psychol.* 9 de julio de 2012;3:234. En http://doi.org/10.3389/fpsyg.2012.00234

Beloso, Lorena, y Marisol Fullana. "El amor en los tiempos de las Princesas de Disney". *Ética y Cine Journal.* 2019;9(3):17-20. En https://www.redalyc.org/journal/5644/564463186004/html/

Brousse, Marie-Hélène. "El nuevo feminismo, lacaniano". *Textos de la Nueva Escuela Lacaniana (NEL) de la Ciudad de México.* En http://www.nel-mexico.org/articulos/seccion/textosonline/subseccion/Goce-femenino/742/El-nuevo-feminismo-lacaniano-1#

Chóliz Montañés, Mariano, y Consolación Gómez Iñiguez. "Emociones sociales II: Enamoramiento, celos, envidia y empatía". En Palmero, F., E. G. Fernández-Abascal, F. Martínez y Mariano Chóliz (coords.). *Psicología de la motivación y emoción.* Madrid: McGrawHill Interamericana, 2002. pp. 395-418.

Chollet, Mona. *Reinventar el amor.* Barcelona: Paidós (Editorial Planeta), 2022.

Christus Muguerza (sistema de salud). "El amor también es bueno para la salud". 25 de julio de 2021. En https://www.christusmuguerza.com.mx/el-amor-tambien-es-bueno-para-la-salud

Clínica Mayo. "Caída del cabello". 19 de enero de 2024. En https://www.mayoclinic.org/es/diseases-conditions/hair-loss/symptoms-causes/syc-20372926

Corbera, Enric. "¿Por qué me gustan los hombres mayores que yo?" Enric Corbera Institute. 19 de mayo de 2022. En https://www.enriccorberainstitute.com/blog/por-que-me-gustan-hombres-mayores/

__________. "Recuerda amar cuando te enamores". Enric Corbera Institute. 14 de febrero de 2023. En https://www.enriccorberainstitute.com/blog/recuerda-amar-cuando-te-enamores/

Debayle, Martha. W Radio México. "Te amo, pero a veces no te soporto". Entrevista con Mario Guerra. 30 de mayo de 2023. En https://wradio.com.mx/programa/2023/05/30/martha_debayle/1685471492_308711.html

Díaz Videla, Marcos, y Pablo Adrián López. "La oxitocina en el vínculo humano-perro: Revisión bibliográfica y análisis de futuras áreas de investigación". *Interdisciplinaria*. Junio de 2017;34(1). En http://www.scielo.org.ar/scielo.php?script=sci_arttext&pid=S1668-70272017000100005

Figueroba, Alex. "¿Qué es estar enamorado? La química del amor". En *España Diario*, 5 de abril de 2018. https://espanadiario.tips/consejos/que-estar-enamorado-quimica-amor

Fitzgerald, Jenny. "Depresión vs. tristeza: Cómo identificar la diferencia". *MedicalNewsToday*: 15 de noviembre de 2021. En https://www.medicalnewstoday.com/articles/es/depresion-versus-tristeza

Freud, Sigmund. "Sobre la más generalizada degradación de la vida amorosa (1912)". En *Obras Completas*, tomo XI. Buenos Aires: Amorrortu, 2006.

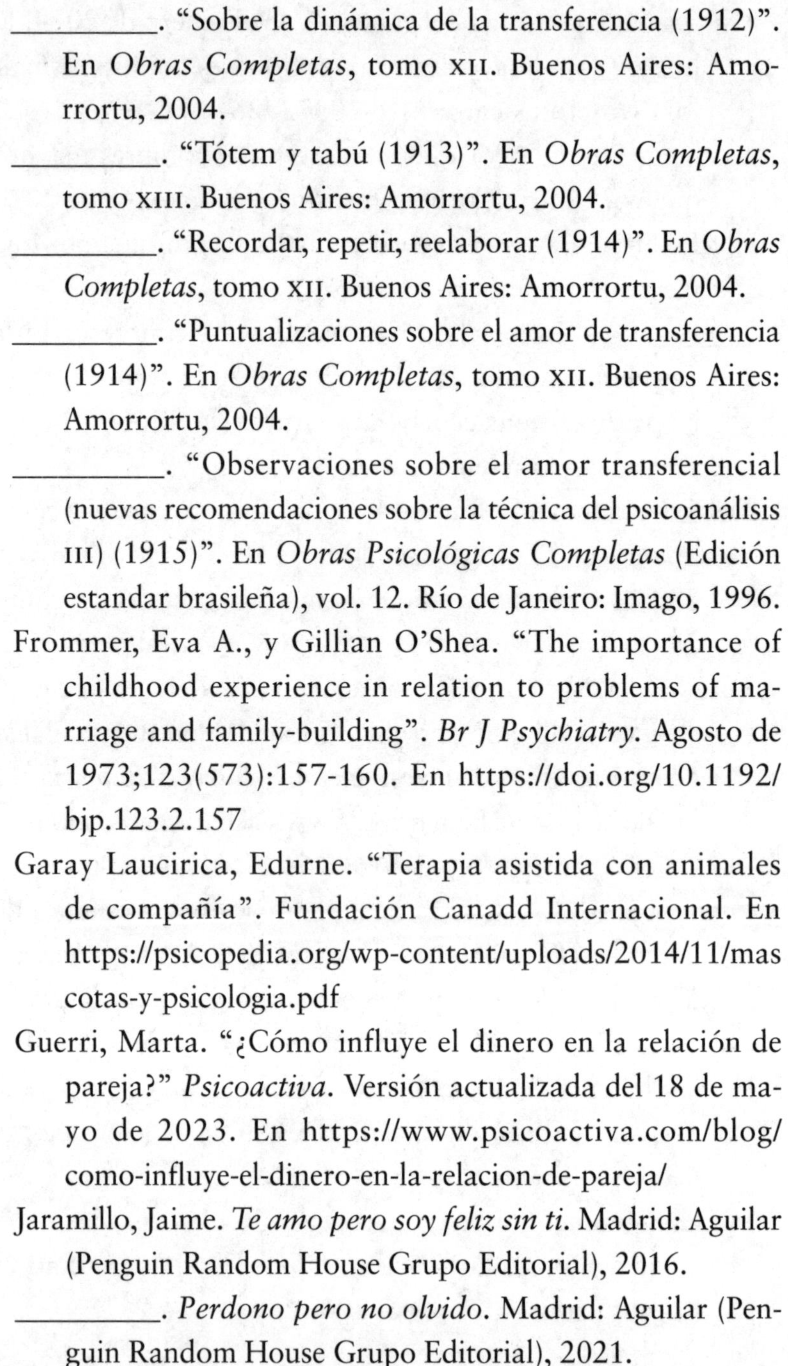

_________. "Sobre la dinámica de la transferencia (1912)". En *Obras Completas*, tomo XII. Buenos Aires: Amorrortu, 2004.

_________. "Tótem y tabú (1913)". En *Obras Completas*, tomo XIII. Buenos Aires: Amorrortu, 2004.

_________. "Recordar, repetir, reelaborar (1914)". En *Obras Completas*, tomo XII. Buenos Aires: Amorrortu, 2004.

_________. "Puntualizaciones sobre el amor de transferencia (1914)". En *Obras Completas*, tomo XII. Buenos Aires: Amorrortu, 2004.

_________. "Observaciones sobre el amor transferencial (nuevas recomendaciones sobre la técnica del psicoanálisis III) (1915)". En *Obras Psicológicas Completas* (Edición estandar brasileña), vol. 12. Río de Janeiro: Imago, 1996.

Frommer, Eva A., y Gillian O'Shea. "The importance of childhood experience in relation to problems of marriage and family-building". *Br J Psychiatry*. Agosto de 1973;123(573):157-160. En https://doi.org/10.1192/bjp.123.2.157

Garay Laucirica, Edurne. "Terapia asistida con animales de compañía". Fundación Canadd Internacional. En https://psicopedia.org/wp-content/uploads/2014/11/mascotas-y-psicologia.pdf

Guerri, Marta. "¿Cómo influye el dinero en la relación de pareja?" *Psicoactiva*. Versión actualizada del 18 de mayo de 2023. En https://www.psicoactiva.com/blog/como-influye-el-dinero-en-la-relacion-de-pareja/

Jaramillo, Jaime. *Te amo pero soy feliz sin ti*. Madrid: Aguilar (Penguin Random House Grupo Editorial), 2016.

_________. *Perdono pero no olvido*. Madrid: Aguilar (Penguin Random House Grupo Editorial), 2021.

Kok, Bethany E., Kimberly A. Coffey, Michael A. Cohn, Lahnna I. Catalino, Tanya Vacharkulksemsuk, Sara B. Algoe, Mary Brantley y Barbara L. Fredrickson. "How positive emotions build physical health: Perceived positive social connections account for the upward spiral between positive emotions and vagal tone". *Psychol Sci.* 1.° de julio de 2013;24(7):1123-1132. En https://pubmed.ncbi.nlm.nih.gov/23649562/

Kübler-Ross, Elisabeth. *On death and dying*. Nueva York: Macmillan, 1969.

_________, y David Kessler. *On grief and grieving: Finding the meaning of grief through the five stages of loss*. Nueva York: Scribner, 2007.

Macara, John. "¿Qué es el amor de la familia?" *La Familia, Relaciones Familiares*. En https://alivianate.org/familia/que-significa-el-amor-de-la-familia/

Martin, María del Mar. "¿Qué amaste? La desidealización". *Espacio Psicoanalítico de Barcelona*. 17 de Mayo de 2015. En https://www.epbcn.com/pdf/maria-del-mar-martin/2015-05-17-Que-amaste.pdf

Montagud Rubio, Nahum. "Ambivalencia afectiva: Qué es, características y como nos afecta". *Psicología y mente* [Internet]. 23 de agosto de 2021. En https://psicologiaymente.com/psicologia/ambivalencia-afectiva

Mora Montes, José María. "Comprensión del enamoramiento". *Cauriensia: Revista anual de Ciencias Eclesiásticas* II. 2007;363-388.

Myss, Caroline. *Anatomía del espíritu: La curación del cuerpo llega a través del alma*. Ediciones B (Penguin Random House Grupo Editorial), 2006.

Novoa, Andrea. *Los archivos secretos del alma*. Bogotá: Dina (Editorial Planeta Colombiana), 2023.

_________. *Si lo quieres, manifiéstalo*. Bogotá: Diana (Editorial Planeta Colombiana), 2024.

Novoa, Carolina. *El cuerpo grita lo que las emociones callan*. Bogotá: Diana (Editorial Planeta Colombiana), 2022.

_________, y Dr. Leonardo Bello. *Que tu vida no sea un dolor de cabeza*. Bogotá: Diana (Editorial Planeta Colombiana), 2023.

O'Haire, Marguerite E., Samantha J. McKenzie, Alan M. Beck y Virginia Slaughter. "Animals may act as social buffers: Skin conductance arousal in children with autism spectrum disorder in a social context". *Dev Psychobiol*. Julio de 2015;57(5):584-595. En https://pubmed.ncbi.nlm.nih.gov/25913902/

Orth-Gomér, Kristina, Sarah P. Wamala, Myriam Horsten *et al*. "Marital stress worsens prognosis in women with coronary heart disease: The Stockholm Female Coronary Risk Study". *JAMA*. 2000;284(23):3008-3014. En https://jamanetwork.com/journals/jama/article-abstract/193378

Otero, Tomás. "Tres aportes freudianos a la doctrina del amor". V Congreso Internacional de Investigación y Práctica Profesional en Psicología, XX–Jornadas de Investigación Noveno Encuentro de Investigadores en Psicología del Mercosur. Buenos Aires: Facultad de Psicología de la Universidad de Buenos Aires, 2013. En https://www.aacademica.org/000-054/794.pdf

Perel, Esther. *The state of affairs: Rethinking infidelity*. Nueva York: HarperCollins, 2017.

Pérez Islas, Gaby. *Elige no tener miedo: Cómo aprender a vivir después de un gran dolor*. Bogotá: Diana (Editorial Planeta Colombiana), 2023.

Raco, Alex. *Mas allá del amor: Cómo reconocer a tu alma gemela a través de las vidas pasadas*. Málaga: Sirio, 2019.

Rodríguez, Alejandra. "La resonancia magnética revela que el amor también está en el cerebro". Suplemento *Salud* #410 de *El Mundo*. 25 de noviembre de 2000. En https://www.elmundo.es/salud/2000/410/974900113.html

Ruiz M., Laura. "Feniletilamina: Características de este neurotransmisor". *Psicología y mente* [Internet]. 21 de mayo de 2019. En https://psicologiaymente.com/neurociencias/feniletilamina

Schuck, Sabrina E. B., Natasha A. Emmerson, Aubrey H. Fine y Kimberley D. Lakes. "Canine-assisted therapy for children with ADHD: Preliminary findings from the positive assertive cooperative kids study". *J Atten Disord*. Febrero de 2015;19(2):125-137. En https://pubmed.ncbi.nlm.nih.gov/24062278/

Stamateas, Bernardo. "Lo que nos genera una traición". *La Nación*. 19 de diciembre de 2019. En https://www.lanacion.com.ar/opinion/lo-nos-genera-traicion-nid2317097/

Tyrrell, Patrick, Seneca Harberger, Caroline Schoo y Waquar Siddiqui. *Kubler-Ross Stages of Dying and Subsequent Models of Grief*. Treasure Island (FL): StatPearls Publishing, 2024. En https://www.ncbi.nlm.nih.gov/books/NBK507885/

Vilanova i Pujó, Joan Marc. *Diccionario de Biodescodificación*. Igualada, España: edición propia en Internet, 2013. En https://www.dmdesign.com.ar/silencios/tantioferta/Ahorcado/guerrieri/Biodescodificacion.pdf

Waldinger, Robert. "What makes a good life? Lessons from the longest study on happiness". Conferencia TED. En https://youtube.com/watch?v=8KkKuTCFvzI

Weiss, Brian L. *Lazos de amor: El reencuentro de dos almas destinadas a amarse para siempre*. Ediciones B (Penguin Random House Grupo Editorial), 2021.

Zeki, Semir. "The neurobiology of love". *FEBS Letters*. 12 de junio de 2007;581(14):2575-2579. En https://febs.onlinelibrary.wiley.com/doi/full/10.1016/j.febslet.2007.03.094